# Quiero Tocar el SAXOFÓN

I0810179

por Victor M. Barba

## Nivel 1

www.melbay.com/22167BCDEB Online Audio

## Contenido de audio

1 Estudio Para Saxofón No. 1
2 Estudio Para Saxofón No. 2
3 Estudio Para Saxofón No. 3
4 Estudio Para Saxofón No. 4
5 Estudio Para Saxofón No. 5
6 Estudio Para Saxofón No. 6
7 Estudio Para Saxofón No. 7
8 Estudio Para Saxofón No. 8
9 Estudio Para Saxofón No. 9
10 Estudio Para Saxofón No. 10
11 Estudio Para Saxofón No. 11
12 Estudio Para Saxofón No. 12
13 Estudio Para Saxofón No. 13
14 Estudio Para Saxofón No. 14
15 Estudio Para Saxofón No. 15
16 Estudio Para Saxofón No. 16
17 Estudio Para Saxofón No. 17
18 Estudio Para Saxofón No. 18
19 Estudio Para Saxofón No. 19
20 Estudio Para Saxofón No. 20
21 Escala de Sol Mayor
22 Escala de Re Mayor
23 Escala de Do Mayor
24 Escala de Fa Mayor
25 Escala de Mi Mayor
26 Escala de Mi♭ Mayor
27 Escala de La Mayor
28 Escala de Si♭ Mayor
29 Escala de La menor armonica
30 Escala de Mi menor pentatonica
31 Simplemente
32 El Primer Dia Que Te Vi
33 Sin Tus Ojos
34 Tres Dias Sin Ti
35 Eres El Sol
36 Reencuentro
37 Sueños De Fama
38 Respirando Amor
39 Repitelo Otra Vez
40 Un Amigo Nada Más
41 Abrazame Ahora
42 Marcha Naval
43 Una Triste Canción
44 Di Que Si
45 La Brisa De Verano
46 En el tono de Sol Mayor
47 En el tono de Re Mayor
48 En el tono de Fa Mayor
49 Variaciónes de arpegios
50 Himno A La Alegria
51 La Cucaracha
52 Dia A Dia No. 1
53 Dia A Dia No. 2
54 Dia A Dia No. 3
55 Dia A Dia No. 4
56 Dia A Dia No. 5
57 Dia A Dia No. 6
58 Dia A Dia No. 7
59 Dia A Dia No. 8
60 Adorno No. 1
61 Adorno No. 2
62 Adorno No. 3
63 Adorno No. 4
64 Adorno No. 5
65 Adorno No. 6
66 Figura No. 1
67 Figura No. 2
68 Figura No. 3
69 Figura No. 4
70 Figura No. 5

### Bonus Tracks

71 Un Nuevo Dia
72 Melodia Sin Fin
73 Intermezzo
74 El Ultimo Romance
75 Marcha Global
76 Marcha Feriada

1 2 3 4 5 6 7 8 9 0



***Visit us on the Web at www.melbay.com — E-mail us at email@melbay.com***

# Teoria Basica

## El Pentagrama.

El **Pentagrama** es la base para escribir la música. Toda la música se escribe sobre un **Pentagrama**. El **Pentagrama** tiene 5 líneas y 4 espacios. La primer línea es la de abajo y la quinta línea es la de arriba.
Las notas se pueden escribir en las líneas o en los espacios. Los nombres de las notas se toman de acuerdo al lugar en dónde se colocan en el **Pentagrama**.

El Pentagrama

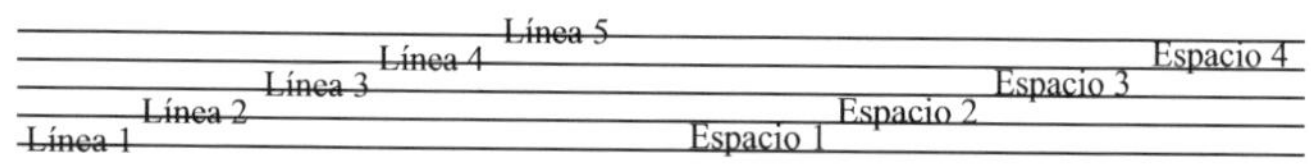


## La Clave De Sol y La Clave de FA.

**La clave de SOL** se usa para identificar las notas en el pentagrama. **La clave de SOL** es un símbolo que usan los instrumentos cómo la guitarra, la trompeta, la flauta, el violin y muchos más que usan notas agudas, o notas altas.
El piano usa dos claves, la de Sol y la de Fa. Normalmente **la clave de SOL** es para la mano derecha, y **la clave de FA** es para la mano izquierda.
**La Clave de FA** se usa para el bajo, el cello, el contrabajo y el trombon.

Clave de SOL Clave de FA

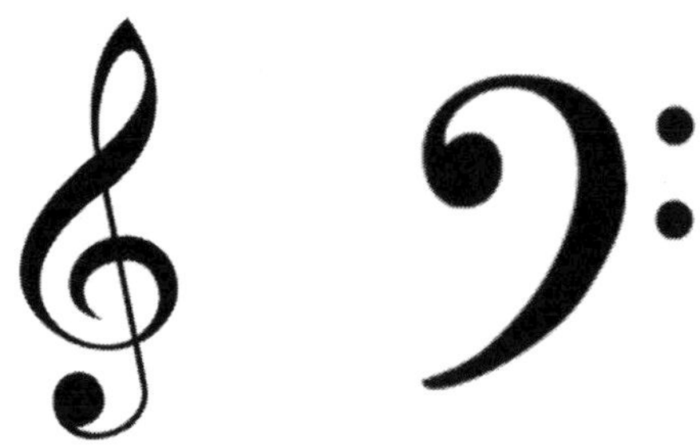

## El Compás.

La música se divide por **compáces**. Un **compás** es la distancia que hay entre dos barras de **compás**.
Al final de cada canción o pieza musical, se escribe una doble barra de **compás**. Un **compás** de 4/4 tiene cuatro notas de un tiempo, u ocho notas de medio tiempo. Un **compás** de 3/4 tiene solo tres notas de un tiempo o seis notas de medio tiempo.

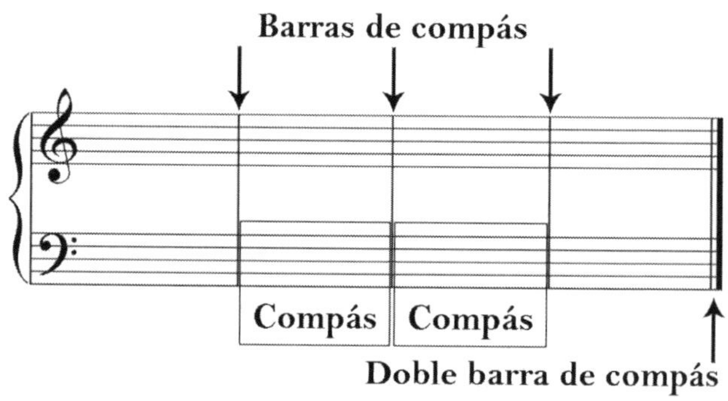


## La Barra de Compás.

**Las Barras de compás** son las líneas verticales que atraviezan el pentagrama, desde la primera línea hasta la quinta línea. Hay varios tipos de **barra de compás**, normal, doble, punteada etc. Las más comúnes son: La normal y la **doble barra de compás**.

## La Clave Del Tiempo.

Depende del estilo de música que vayas a tocar, se usa dife- rente **clave del tiempo**. Para una ranchera o un valz, se usa 3/4, para un corrido por ejemplo, se usa el 2/4. La mayoria de baladas o rock son en 4/4, también está el tiempo de 6/8 o 3/8.
Algúnas personas le llaman compás de 4/4 o compás de 6/8. El número de arriba te dice cuantas notas debes de tocar en el compás, y el número de abajo te indica que tipo de notas debes de usar.

La Clave Del Tiempo

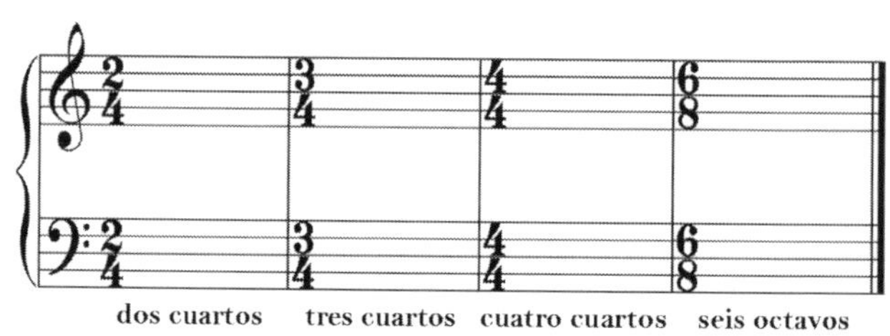

# Las Notas.

Para leer y escribir música ocupas las notas. Hay varios tipos de notas con diferente valor cada una.
Las más comunes son: **La Redonda**, que dura 4 tiempos. **La Blanca**, que dura 2 tiempos. **La Negra**, ésta nota dura 1 tiempo y **La Corchea**, que dura un octavo. o la mitad de un tiempo.

# Los Silencios.

El silencio es también es muy importante en la música. Por cada una de las notas musicales hay un sílencio que le corresponde. Fíjate en el dibujo de la derecha y compara las notas con sus respectivos sílencios.

# Los Nombres De Las Notas.

Hay 7 notas musicales: Do - Re - Mi - Fa - Sol - La - Si.
Despues de la nota de Si, se vuelve a repetir todas las notas otra vez y otra vez: Do - Re - Mi - Fa - Sol - La - Si - Do - Re - Mi - Fa - Sol - La - Si - Do - Re - Mi etc.
En el idioma ingles, en lugar de nombres usan letras:
C - D - E - F - G - A - B.

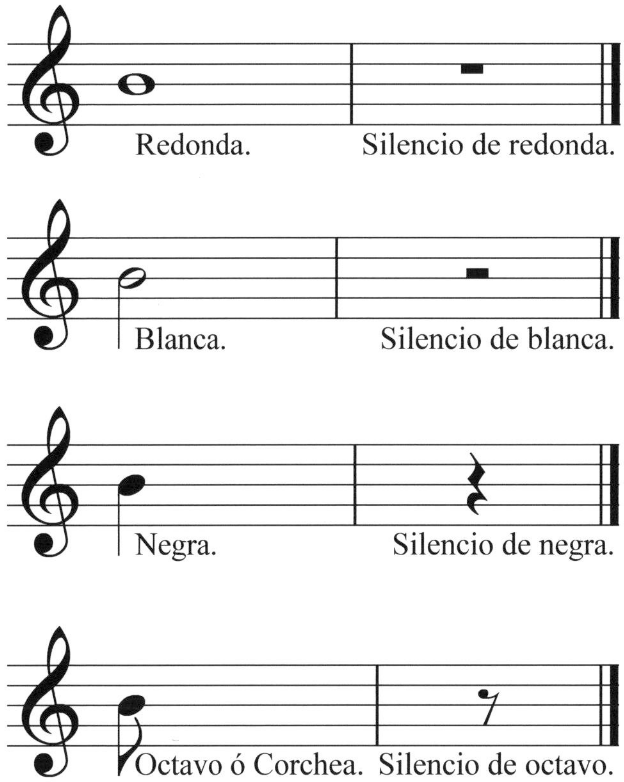


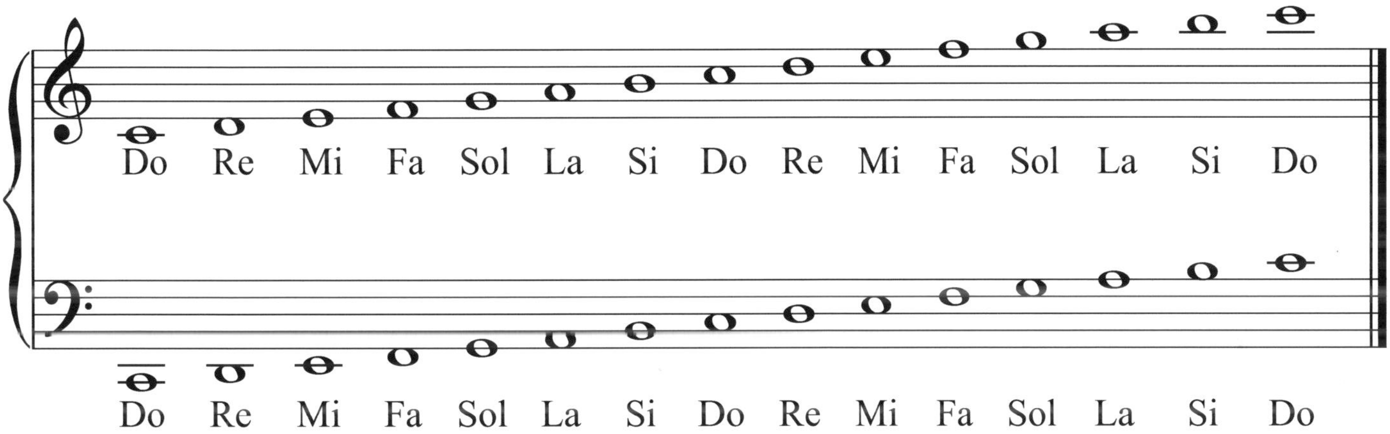


# Símbolos Musicales.

Hay muchos símbolos en la música, estos son solo algúnos de ellos, se les llama alteraciónes:
**El sostenido** (♯) que sube el sonido de la nota medio tono, **el bemol** (♭) que baja el sonido de la nota medio tono y **el Becuadro** (♮) que cancela el sostenido y el bemol.
También está **el Calderón** (𝄐) que detiene el tiempo para alargar la duración de las notas, normalmente al doble de su valor original.

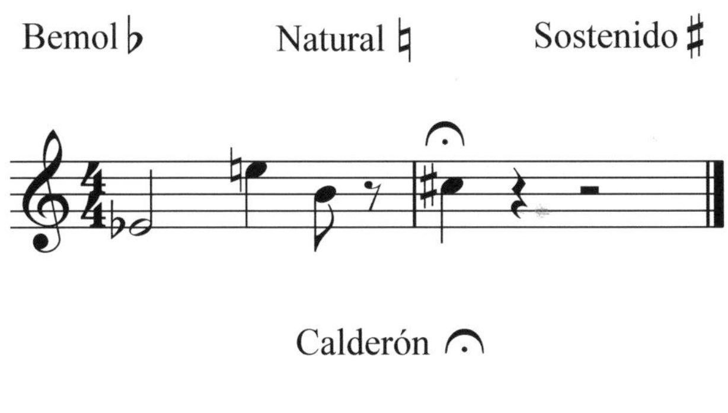


# Símbolos De Repetición.

Estos son algunos símbolos que se usan para repetir un trozo de música, o una canción completa.

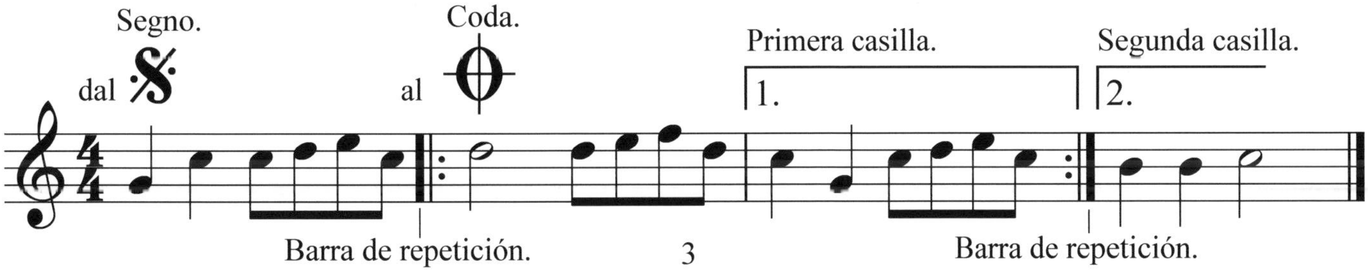

# En el Saxofón.

## Las partes del Sax.

Algunas notas en el Saxofón, son más faciles de tocar que otras. Las notas muy altas son dificiles de tocar. Siempre manten el saxofon limpio y en buenas condiciones.
La caña viene en diferentes medidas. Las más comunes son 2, 2.5 y 3. Entre más delgadita es la caña, más fácil para tocar las notas, porque vibra más fácil. pero se rompe también más fácil y hay que comprar más cada rato.
Entre más alto es el número de la caña, es más dificil sacarle sonido, pero la caña dura más y no se rompe tan facilmente.
Al principio se recomienda el número 2, y conforme vas aprendiendo, puedes ir aumentando el número de la caña.
Recuerda que la calidad del instrumento es muy importante a la hora de tocar. Si es un saxofón no tan bueno, puede ser que algunas notas no las puedas tocar bien, aun practicando dia y noche, asi que, aun para empezar, trata de ajustar el instrumento para que puedas tocar todas las notas. (hay lugares que ajustan los instrumentos, o puedes preguntarle a tu maestro que te ayude en esto).
Practica todos los dias aunque sea un ratito.

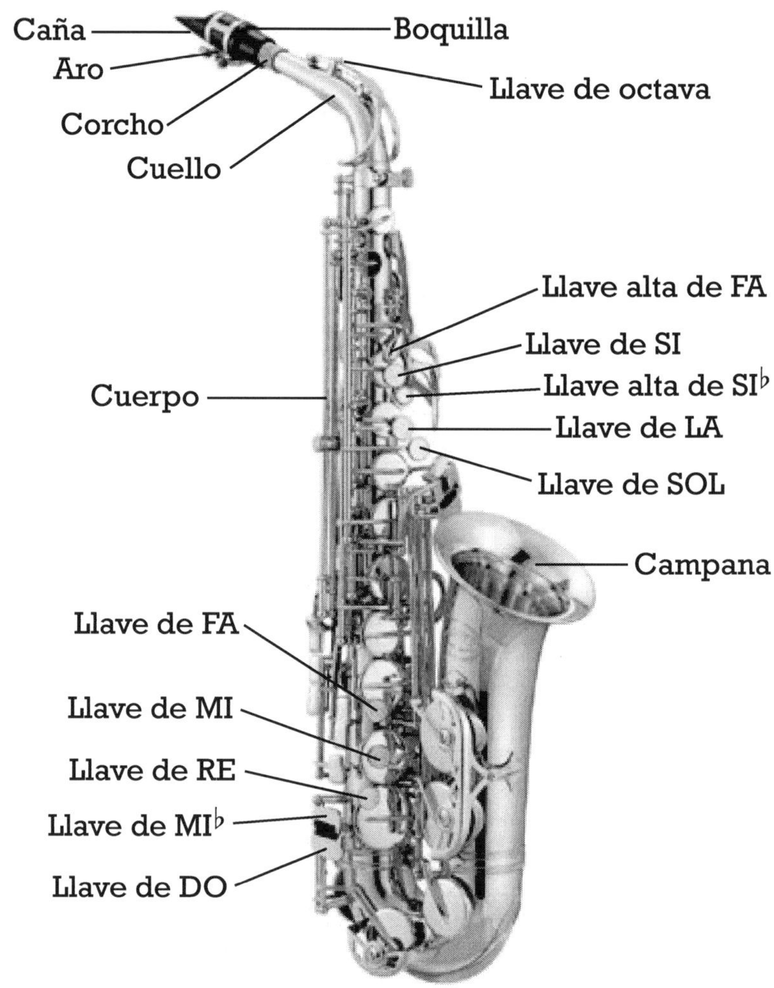


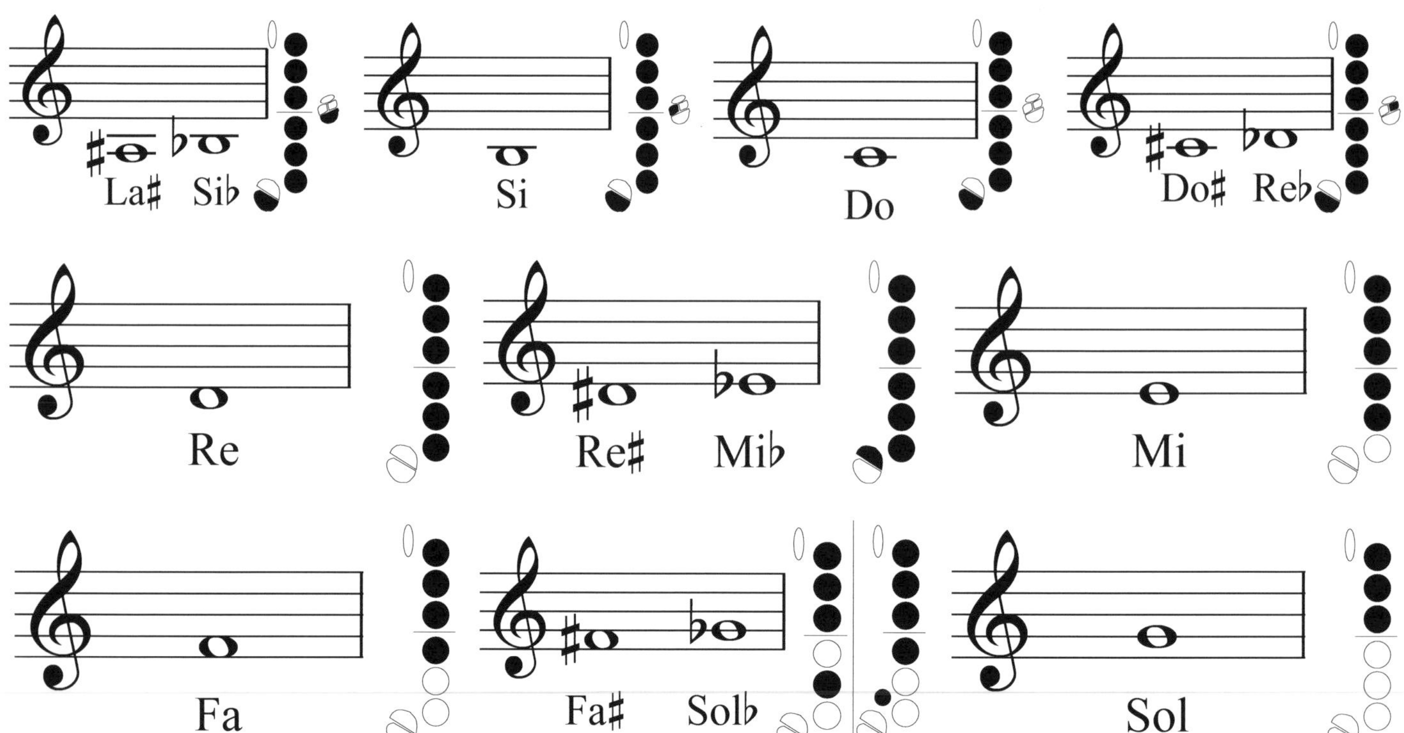

# Las notas en el Sax.

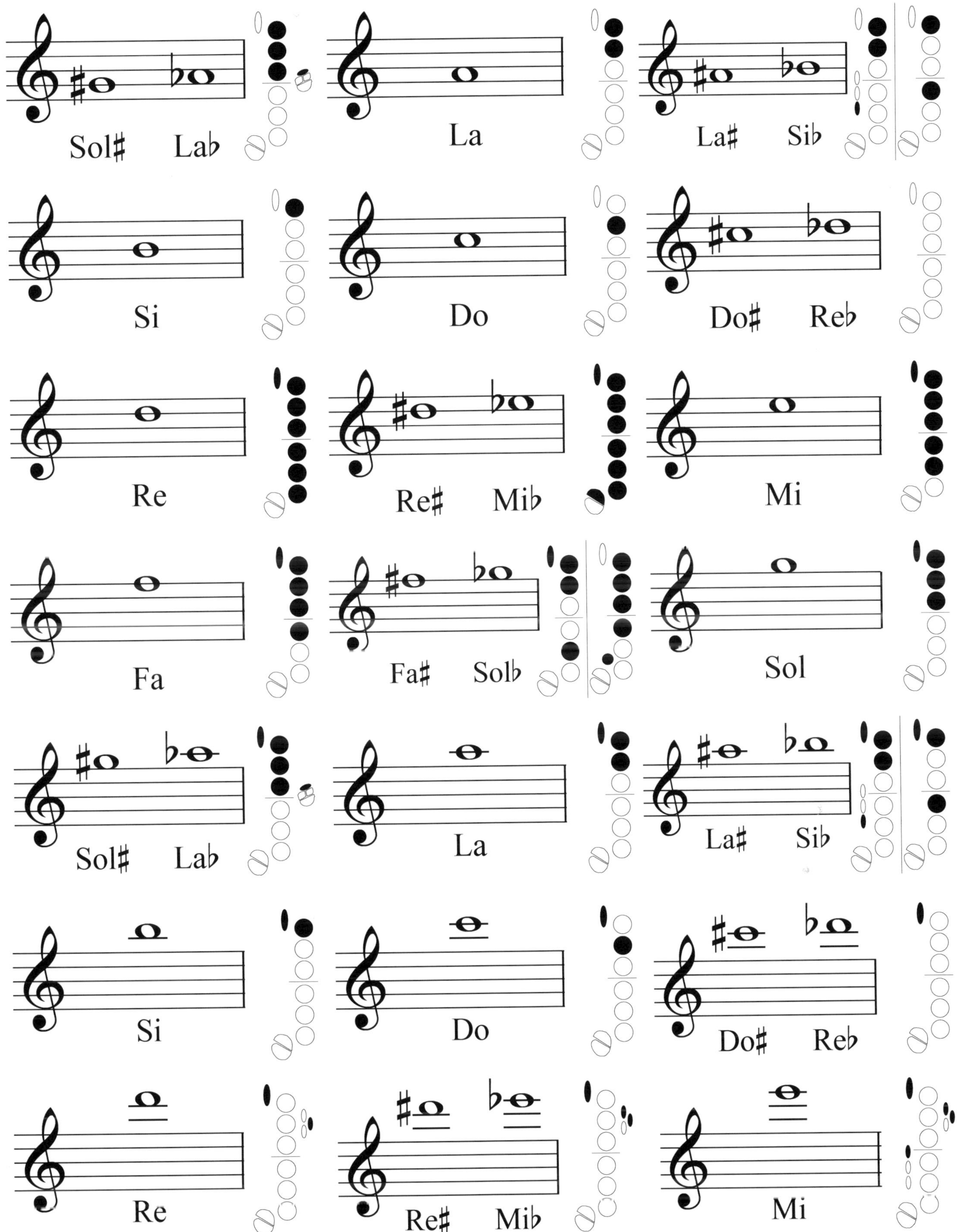

# Postura correcta.

## Relajate al tocar el Sax.

Cuando uno toca cualquier instrumento de música, es muy importante estar relajado, para que no te canses al estar tocando. Cuando notes que te duelen los hombros o los brazos, relajete y descanza, y luego vuelves a seguir practicando.
El Saxofón se puede tocar de pie, o sentado. Recuerda que siempre debes de mantener tu saxofón limpio y en buenas condiciones.

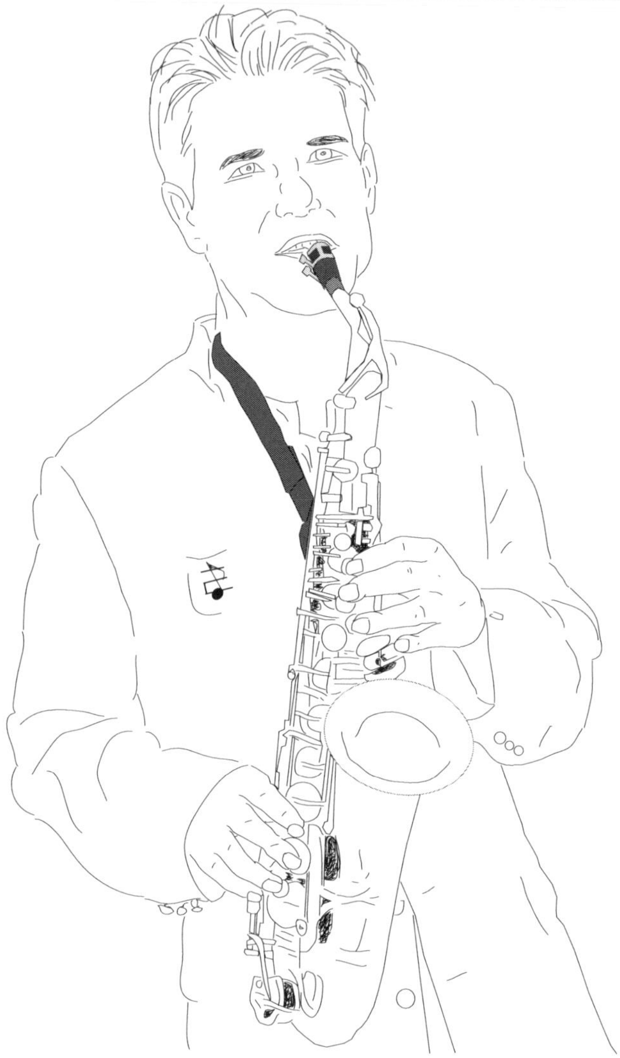

## Mano izquierda.

La mano izquierda va en la parte de arriba del sax. El dedo pulgar va en la parte de atras y es con ese dedo que tocas la llavecita de las notas altas, o de una octava alta.
El índice se usa para tocar la nota de Si, y algunas notas muy altas, como Re♯ o Mi, usando las llavecitas de un lado.
El dedo medio se usa para tocar la nota de La y el Do.
El dedo anular se usa para tocar la nota de Sol.
Y el dedo meñique se usa para tocar las cuatro llavecitas, ya sea una o la otra. Se usa en las notas bajas de La♯, Si o Do♯, también el Sol♯ alto.

## Mano derecha.

La mano derecha va en la parte de abajo del sax. El dedo pulgar sirve de soperte del instrumento.
El índice se usa para tocar la nota de Fa, y algunas notas muy altas, como La♯ o Fa, usando las llavecitas de un lado.
El dedo medio se usa para tocar la nota de Mi o de Fa♯.
El dedo anular se usa para tocar la nota de Re.
Y el dedo meñique se usa para tocar las notas bajas de Do y de Mi♭.
Con la practica te vas a aprender todas las notas que se pueden tocar en el Sax, que son como 31 notas.

MIDNIGHT MOON

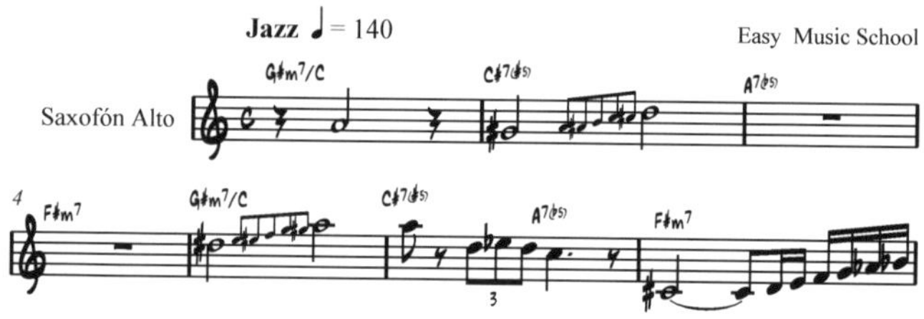


## Acordes en el sax.

Algunas veces vas a ver música escrita para saxofón, especialmente en el Jazz, en donde hay algunos compaces en blanco y arriba estan escritos algunos acordes, como E♭maj$^7$, Ddim, o F$^9$/B♭. Normalmente esa parte de la música se tocaria con el piano o la guitarra, que son los instrumentos que pueden tocar acordes, pero aveces con el sax se puede improvisar tocando algunas notas de cada acorde. Las notas del acorde de E♭maj$^7$ son: Mi♭-Sol-Si♭-Re. Asi que es bueno que te aprendas las notas de todos los acordes. Como el sax solo puede tocar una nota a la vez, por eso cuando se ocupa un acorde completo, se usan tres o cuatro saxofonistas tocando al mismo tiempo.

MIDNIGHT MOON

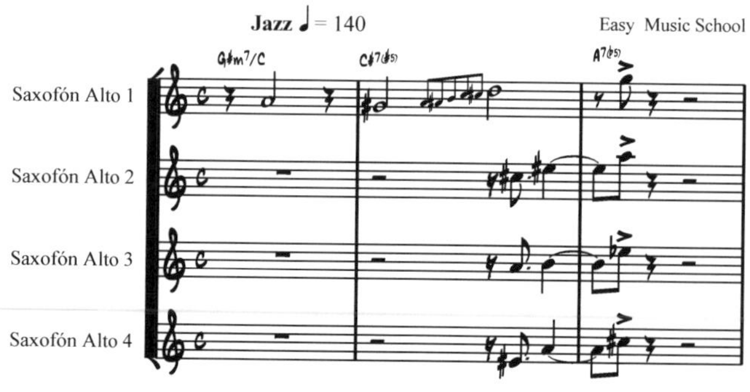

# Estudios para Saxofón.

## Como tocar los estudios.

Los estudios para saxofón te van a ayudar a mantener una buena entonación y un buen sonido. Te recomiendo tocar cada uno de estos estudios varias veces y usando el CD, para que oigas como se debe escuchar cada nota. Además de tocar cada estudio, te recomiendo que cada una de las notas que vayas aprendiendo a tocar, la toques el mayor tiempo de duración que puedas, se le llaman notas largas.

## Estudio Para Saxofón No. 1

1

Si

**Moderato** ♩ = 85

Easy Music School

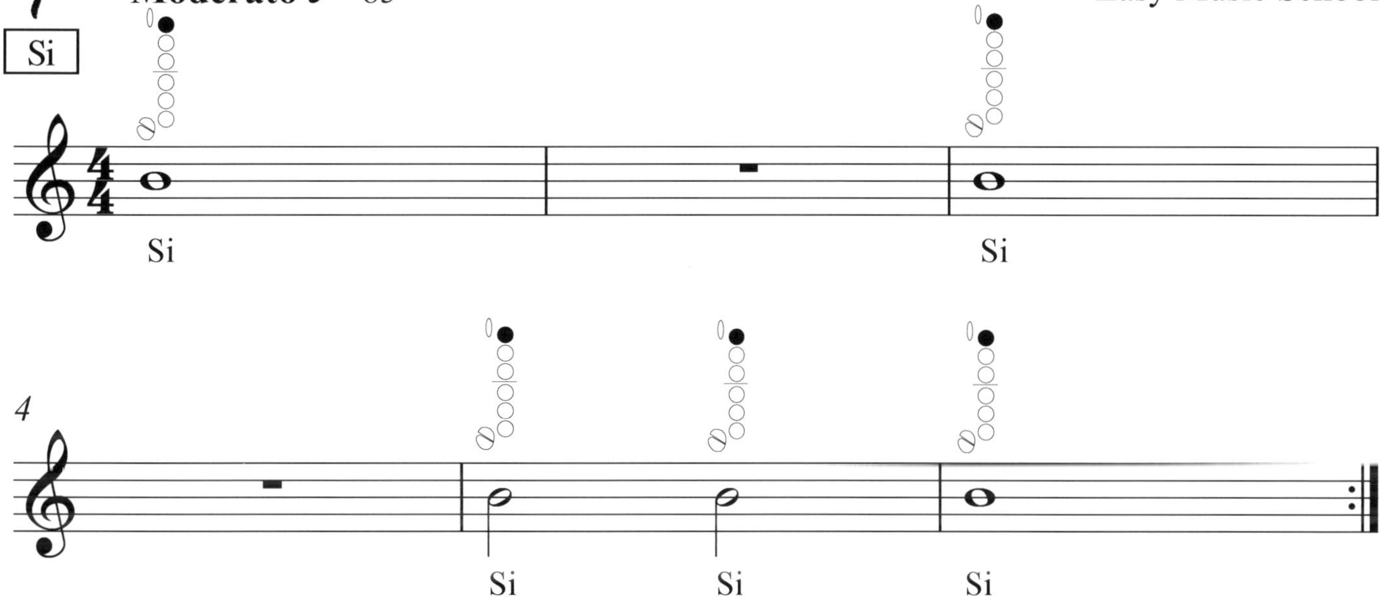


Seguimos tocando la nota de Si, pero con notas de un tiempo, recuerda que la nota redonda dura 4 tiempos, la blanca 2 tiempos y la negra dura 1 tiempo cada una.

Las notas largas tocalas soplando el mayor tiempo posible, luego respira y toma mucho aire por la nariz y vuelve a tocar la nota larga, repitelo muchas veces.

## Estudio Para Saxofón No. 2

2

**Moderato** ♩ = 85

Easy Music School

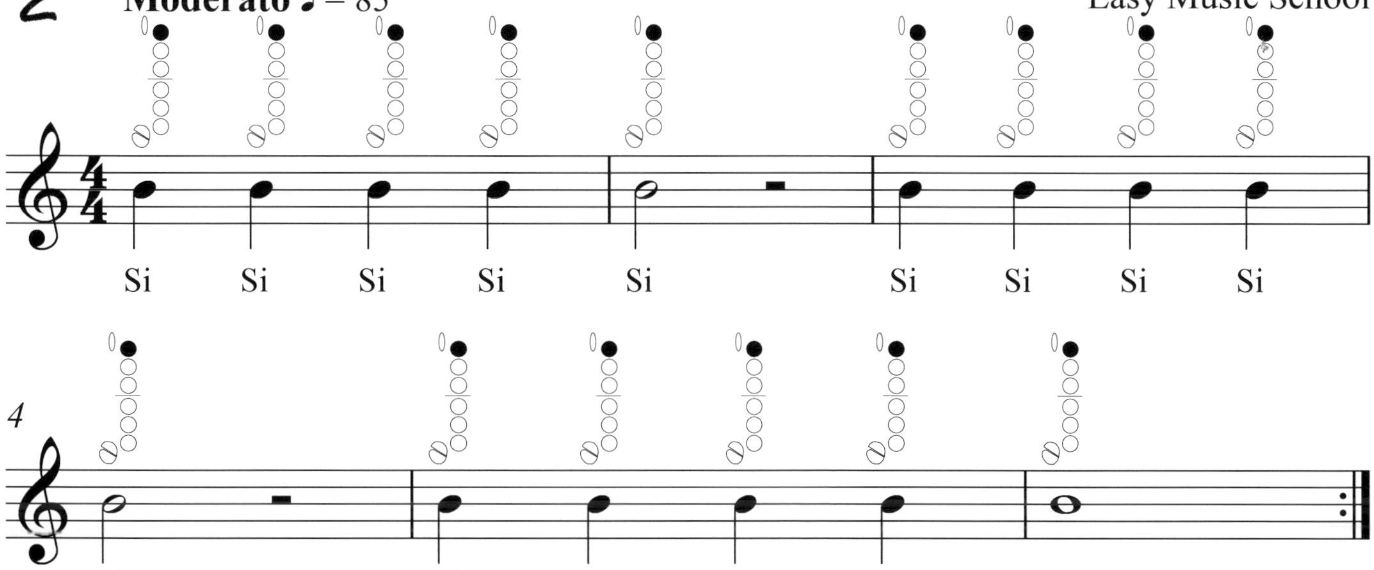

Aqui tenemos una nota nueva, la nota de La. Como puedes ver en el dibujito arriba de la nota, solo aprietas dos llavecitas, en lugar de una, con los dedos indice y medio de la mano izquierda, no es dificil de tocar, lo que importa es la **embocadura**.

La embocadura es la forma en que tocas la boquilla y la caña, si la aprietas mucho, o si está muy floja, si la boca está muy adentro o muy afuera etc. éste tipo de cosas afectan el sonido de cada nota, con el tiempo lo iras haciendo mejor.

# Estudio Para Saxofón No. 3

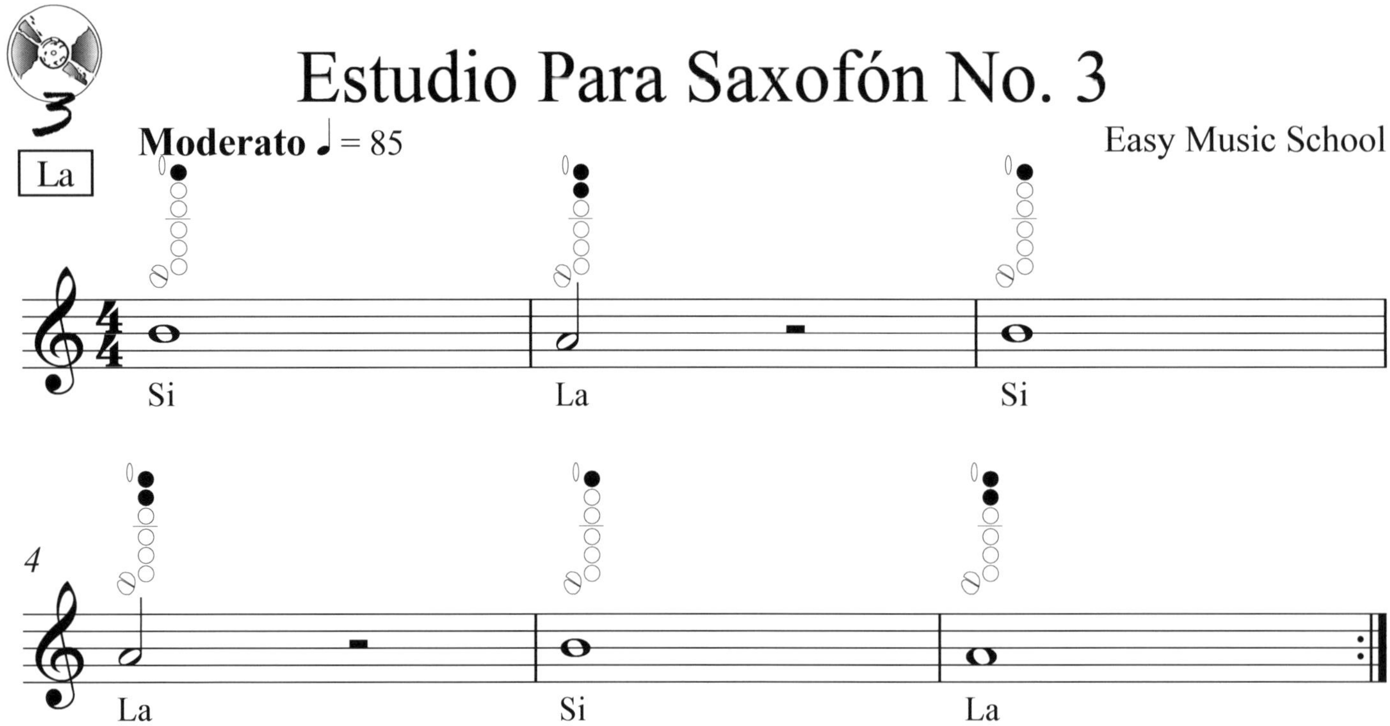


## Comita de respiración.

Una nota más, la nota de Sol. Aprieta tres llavecitas con la mano izquierda. No se te olvide tocar notas largas de cada una de las notas; Si, La, Sol.
Manten buena postura y practica todos los dias cuando menos media hora diaria.

**La comita de respiración**, es un simbolo que se usa para indicar cuando debes respirar, la comita está puesta en ciertos lugares y es más o menos, algunas personas pueden mantener la respiración más tiempo que otras, tu toca el estudio y siguelo confortablemente.

# Estudio Para Saxofón No. 4

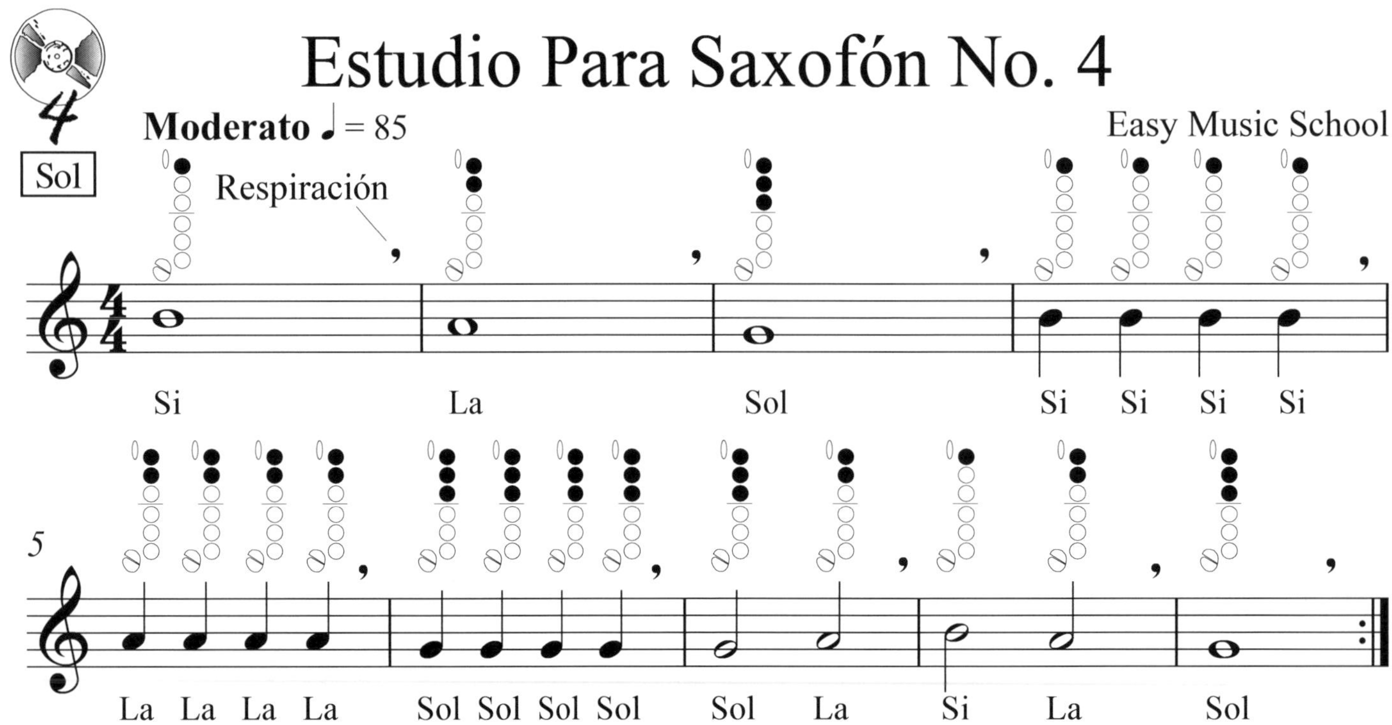

## Símbolo de Repetición.

La nota nueva que vas a tocar en éste estudio es la nota de Do, que se encuentra en el tercer espacio del pentagrama, y se toca apretando una sola llavecita, que está en el dedo medio de la mano izquierda.
Y como puedes ver, hay un símbolo que te indica cuando debes repetir la música.

Símbolo de Repetición.
Los dos puntitos junto con la doble barra de compás significa que la música se debe repetir.

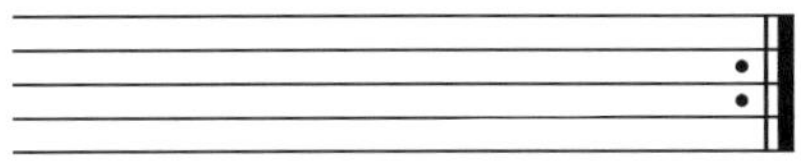

# Estudio Para Saxofón No. 5

**Moderato** ♩ = 85

Easy Music School

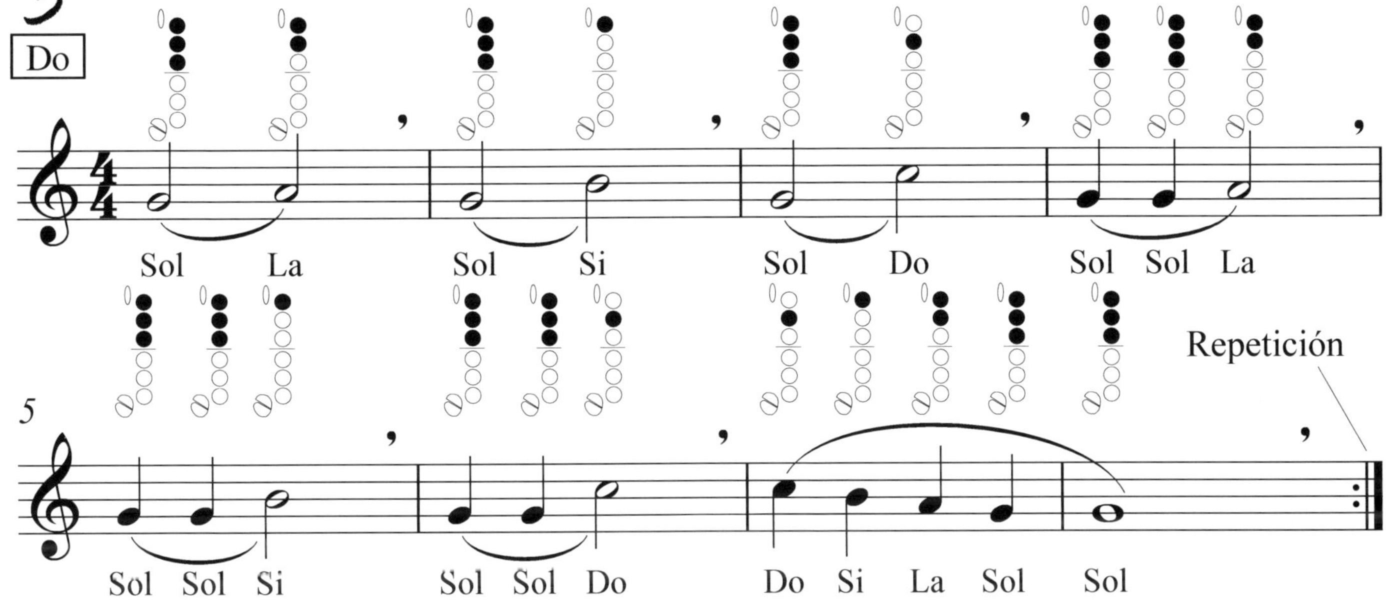


Éste estudio es un repazo de las cuatro notas que ya debes de conocer, Sol, La, Si y Do.
Otra cosa importante, que espero y te hayas dado cuanta, al oir el CD se escucha el saxofón y un sonido extra, como dos maderas chocando entre si.

Ese sonido se le llama "**click**" o es el sonido del **metrónomo**, y sirve para marcar el tiempo. Todos estos estudios del principio del libro deberias tocarlos junto con el CD, para oir el tiempo mejor, más adelante voy a quitar el metrónomo.

# Estudio Para Saxofón No. 6

**Moderato** ♩ = 85

Easy Music School

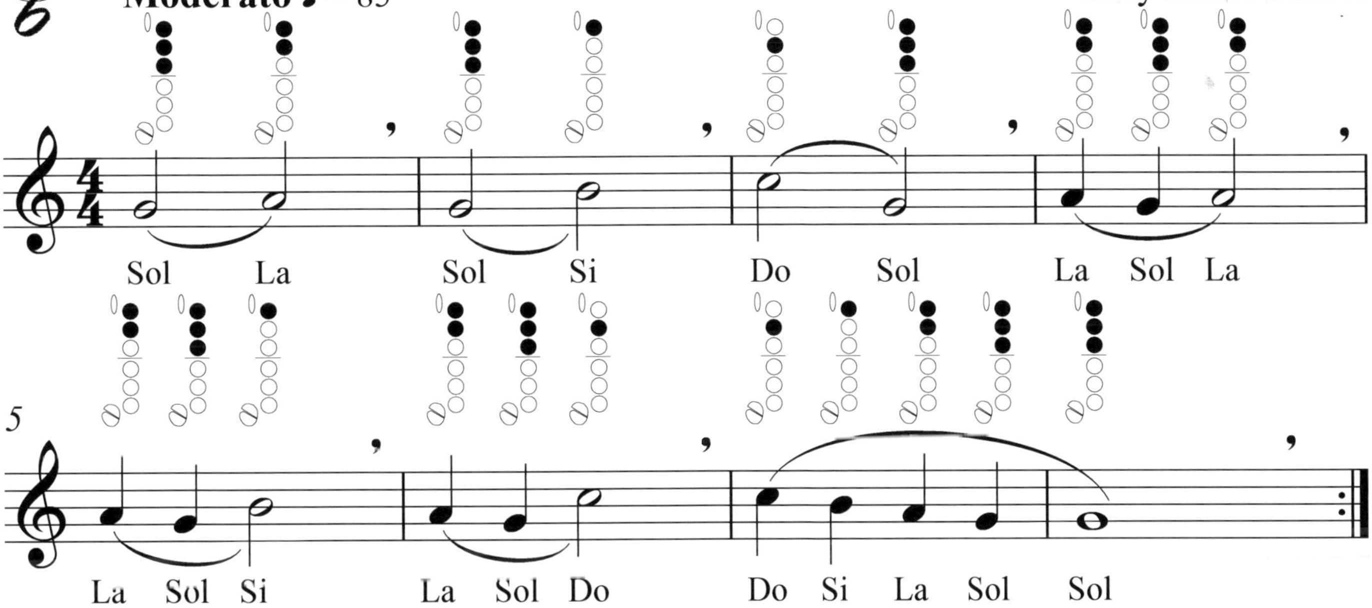

## Ligadura de Fraseo.

**La ligadura de fraseo** es la linea curveadita que está arriba o debajo de varias notas de diferente sonido. La puedes usar para darte una idea de como debes respirar, todas las notas que esten entre la ligadura de fraseo se deben tocar en una sola respiración.

Ligadura de Fraseo

Toca todas las notas, en una sola respiración.

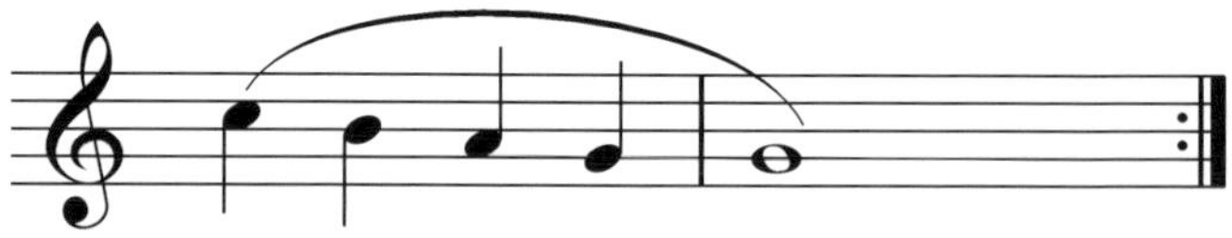

# Estudio Para Saxofón No. 7

**Moderato** ♩ = 85

Easy Music School

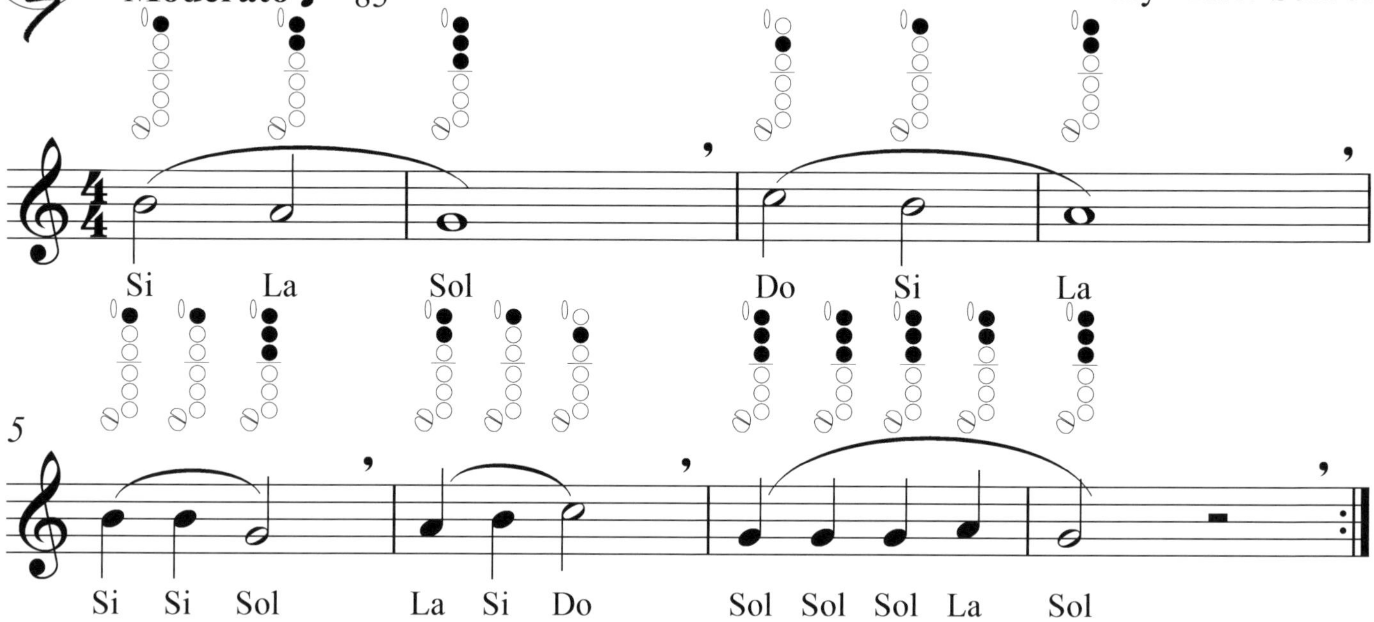


Ya es hora de usar la llavecita de octava. Toca la nota de Re usando la llavecita de la parte de atras del Sax, tocala con el dedo gordo de la mano izquierda, al mismo tiempo que aprietas 6 llavecitas, tres con la izquierda y tres con la derecha.

Ten cuidado en el último compás con los silencios de un tiempo.

No se te olvide seguir tocando notas largas.

# Estudio Para Saxofón No. 8

Re

**Moderato** ♩ = 85

Easy Music School

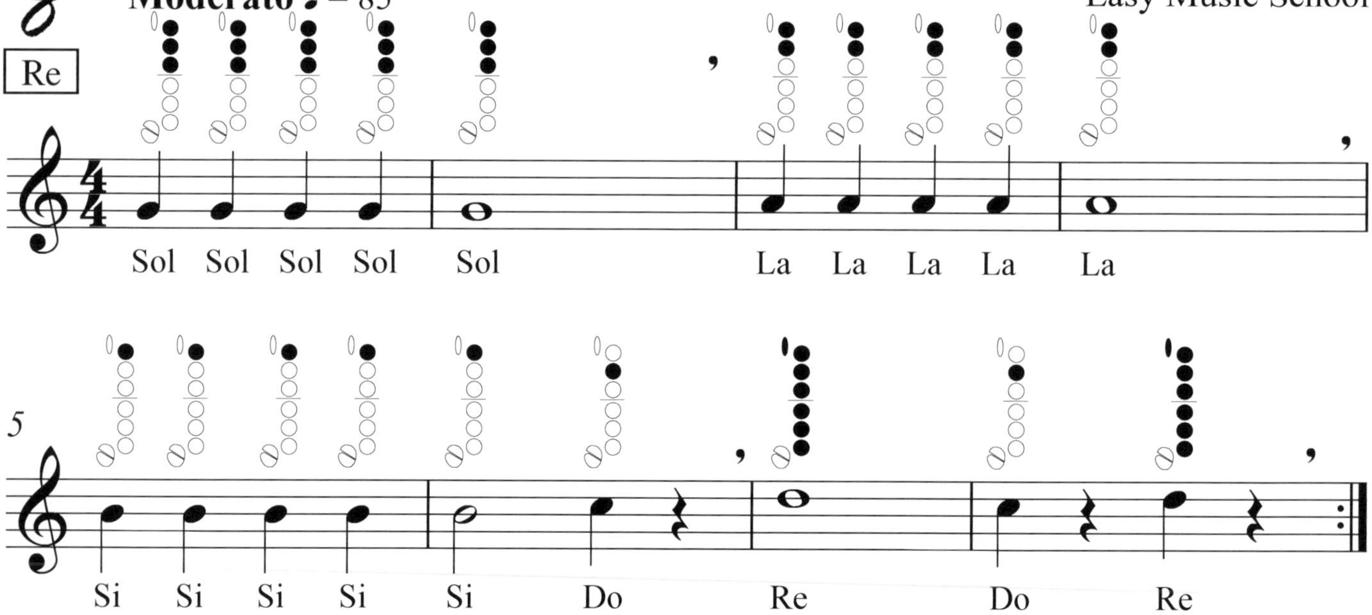

En éste estudio no hay ninguna nota nueva todavia, solo un repazo de las notas que ya debes de saber tocar muy bien.
Recuerda mantener el saxofón bien limpio, al terminar de tocar limpialo por dentro y por fuera.

Otra cosa importante es que las notas altas como Re llevan la llavecita de atras, la llavecita de la octava.
Y cada estudio tienes que tocarlo muy bien y sin equivocarte, cuando menos unas diez veces, asi estaras listo para el siguiente estudio.

9

# Estudio Para Saxofón No. 9

Easy Music School

**Moderato** ♩ = 85

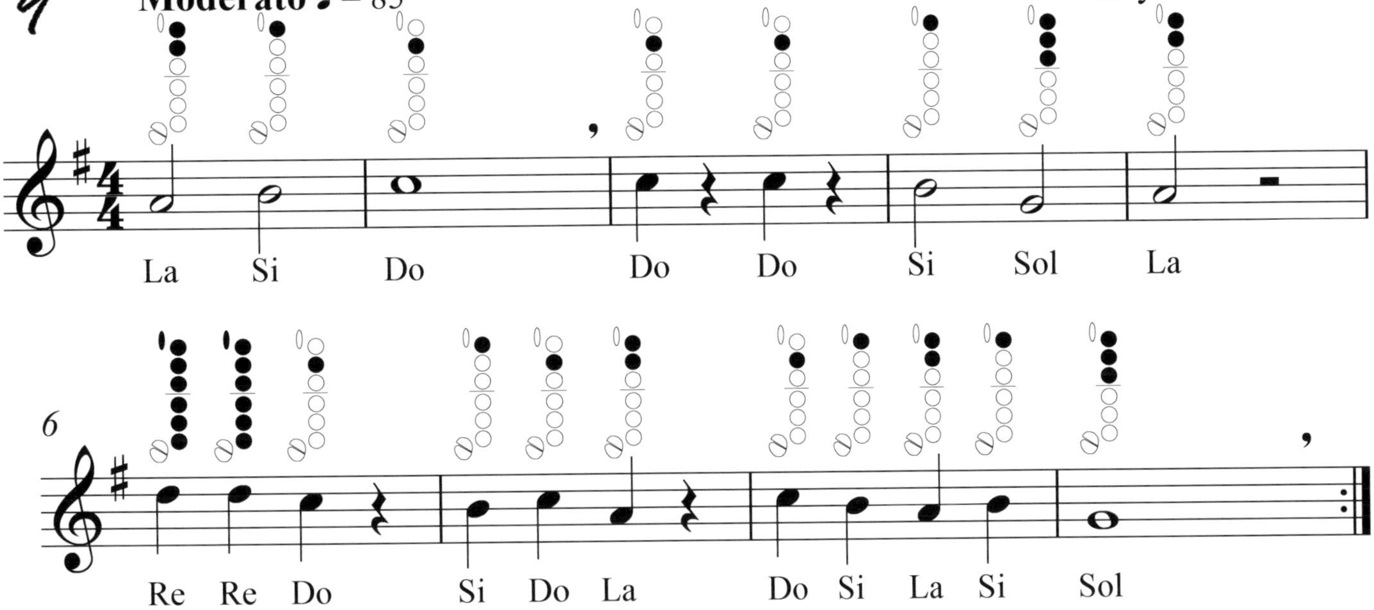


El estudio diez es muy fácil de tocar. Si lo puedes tocar sin tener que practicar mucho, es que ya estas listo para conocer más notas. Te recomiendo tocar cada una de las notas que ya sabes, por separado, para tener un mejor tono.

Respira siempre en el mismo lugar, para que te acostumbres a tomar aire en el momento adecuado.
Si aveces tomas aire en un lugar, y aveces en otro, no es lo mejor, porque te puedes confundir. El tocar saxofón es como cantar, aprende a manejar el aire.

10

# Estudio Para Saxofón No. 10

Easy Music School

**Moderato** ♩ = 85

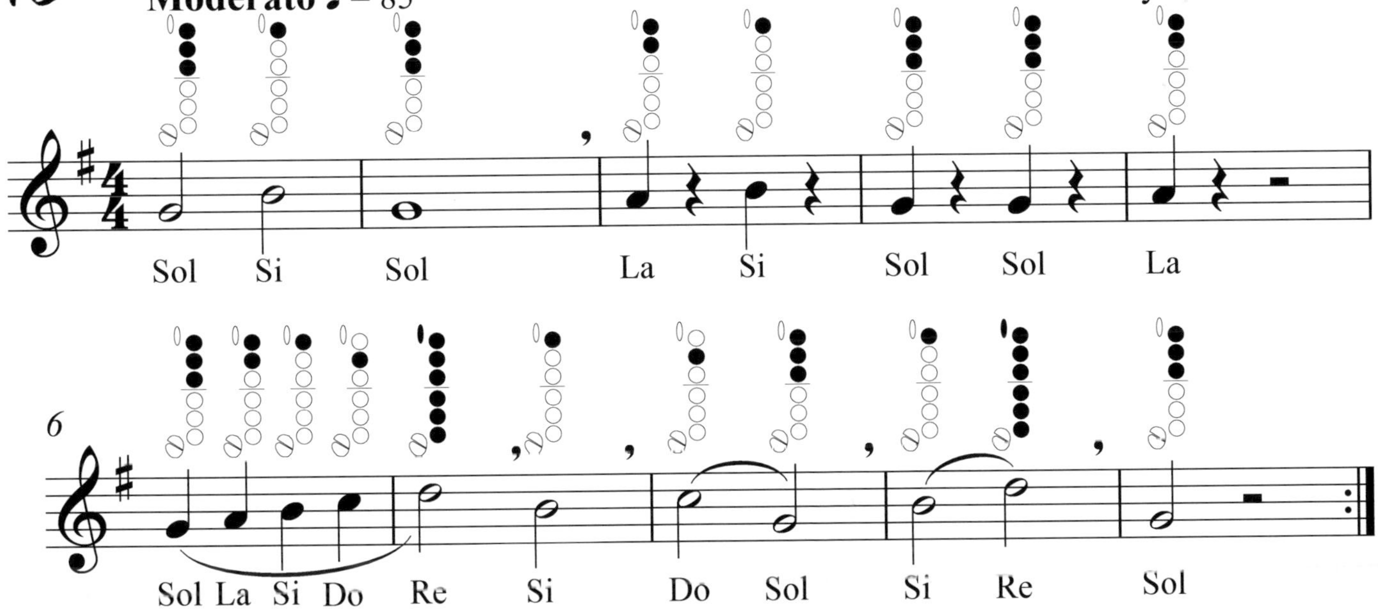

Ahora si, aquí tienes una nota nueva, la nota de Mi con la llavecita de la octava. El Mi está en el cuarto espacio del pentagrama y se toca con las tres llavecitas de la mano izquierda, y dos llavecitas en la mano derecha.

La nota de Mi la vas a tocar en el compás nueve. Repite muchas veces éste estudio para practicar el Mi muy bien, y aparte toca el Mi en forma de nota larga, Toca el Mi y sosten el sonido lo más que puedas.

# Estudio Para Saxofón No. 11

11

Mi

**Moderato** ♩ = 85

Easy Music School

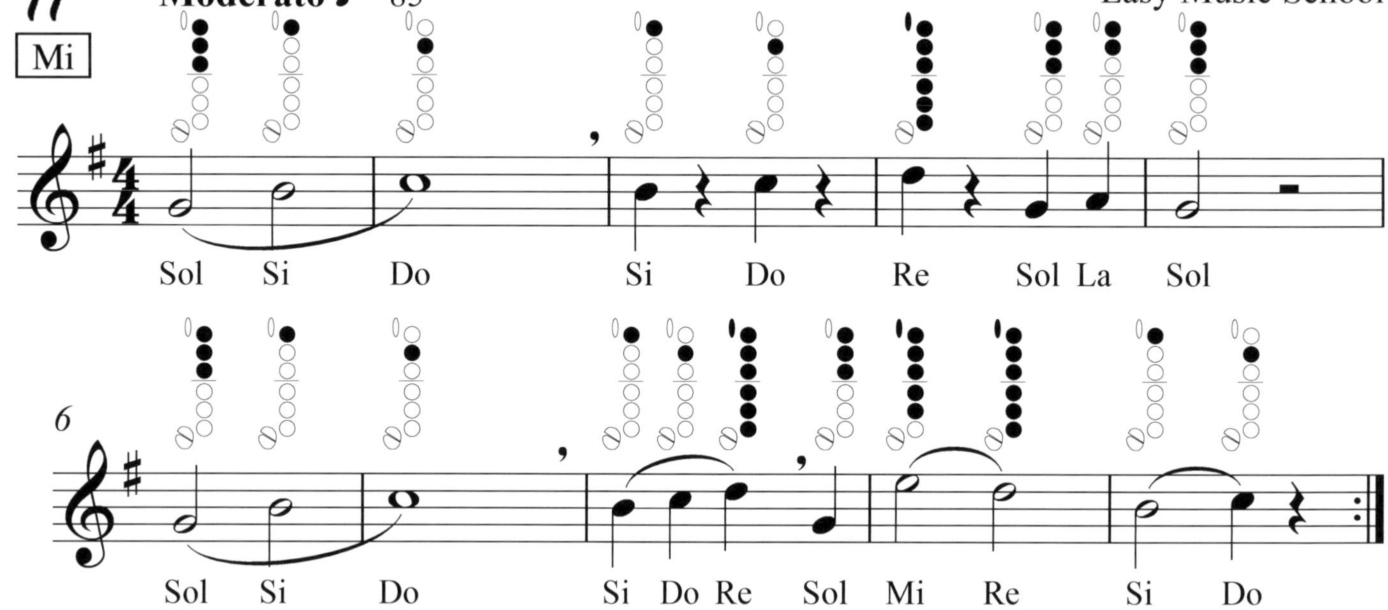


## La escala de Sol.

Éste estudio es muy bueno por varias razones; Primero, hay dos notas nuevas que vas a tocar, el Fa♯ alto y el Sol alto. El Sol alto se toca igual que el Sol que ya conoces pero con la llavecita de la octava. El Fa♯ es parecido al Mi alto, pero solo con el dedo medio de la mano derecha.

Segundo. en el último compás hay dos notas de Sol, pero se oye solo una, tocas la primer nota y sostienes el sonido un tiempo más, por la **ligadura** que hay entre las dos notas.
Y Tercero, las notas que tocas en los compáces 9-12 forman la escala de Sol. Una de las escalas más importantes en el saxofón.

# Estudio Para Saxofón No. 12

12

Fa♯

Sol

**Moderato** ♩ = 80

Easy Music School

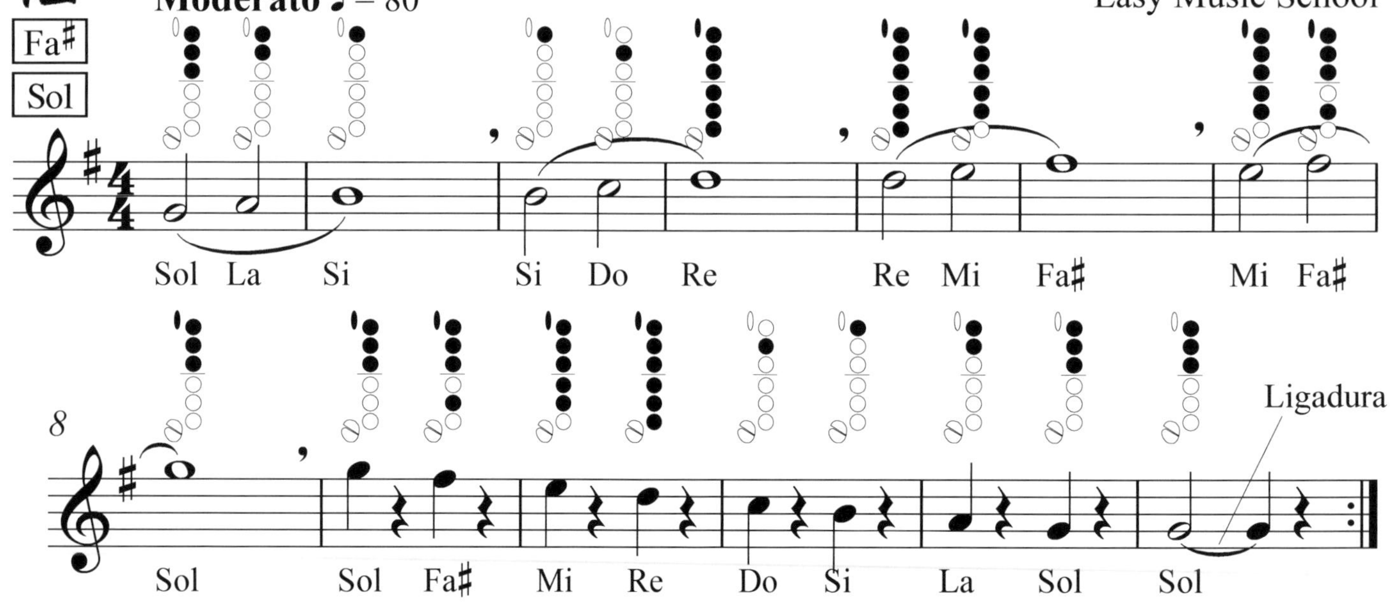

Éste es un pequeño repazo de la escala de Sol, que se puede ver bien clarita en los últimos compáces. Toca nota por nota cuidando siempre que se oiga con buen sonido. No vayas al siguiente estudio a menos que puedas tocar éste muy bien y sin equivocarte.

Otra cosa importante es que te fijes en las notas altas, de los primeros compáces, como llevan la llavecita de atras de la octava, excepto por la nota de Do que está en el primer tiempo del septimo compás.

# Estudio Para Saxofón No. 13

13

**Moderato** ♩ = 80

Easy Music School

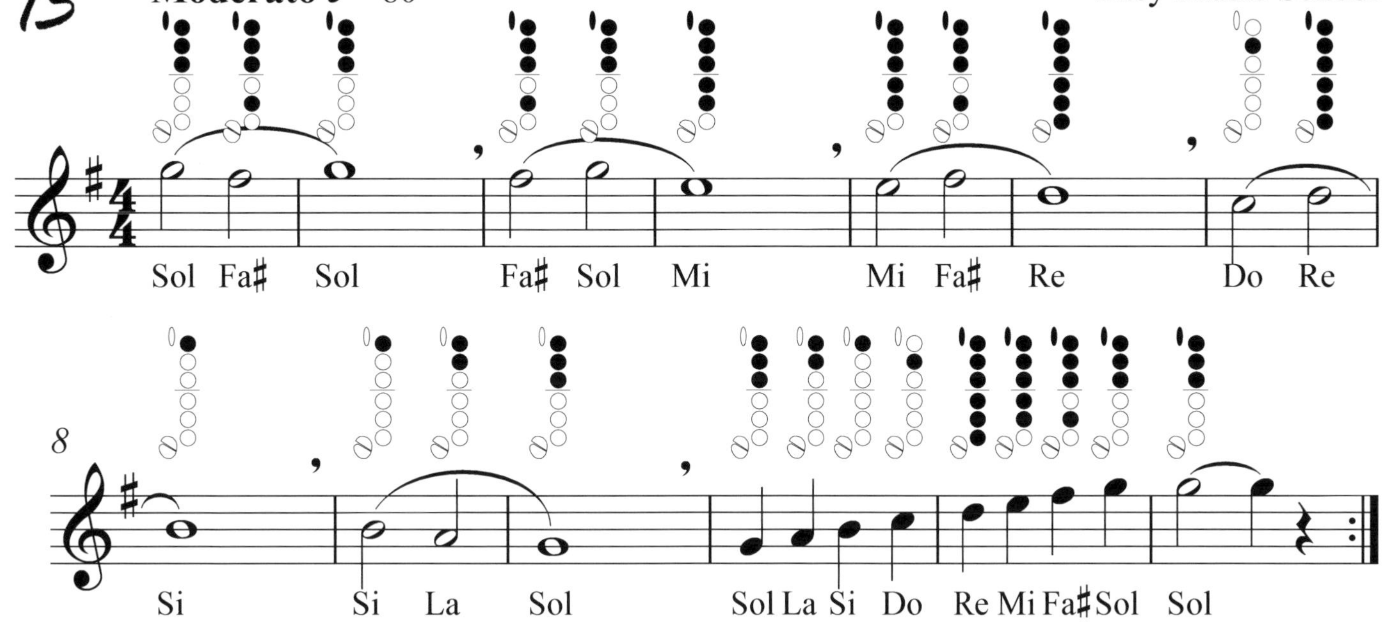


## Armadura de Sol.

En éste estudio vas a encontrar pequeños ejercicios, que son muy buenos para los dedos.
En los primeros dos compáces las notas son ascendentes, o sea que van para arriba, de Sol a Re, y luego en los siguientes dos las notas son desendentes, o sea que van para abajo.

Al principio de la música, en medio de la clave de Sol y el cuatro cuartos hay un símbolo como de número de casa (♯) se le llama sostenido, y sirve para señalar cuando todas las notas en ese lugar son sostenidas, en éste caso es la nota de Fa♯. Al poner los sostenidos (♯) o bemoles (♭) al principio se la llama **Armadura**.

# Estudio Para Saxofón No. 14

14

**Moderato** ♩ = 82

Easy Music School

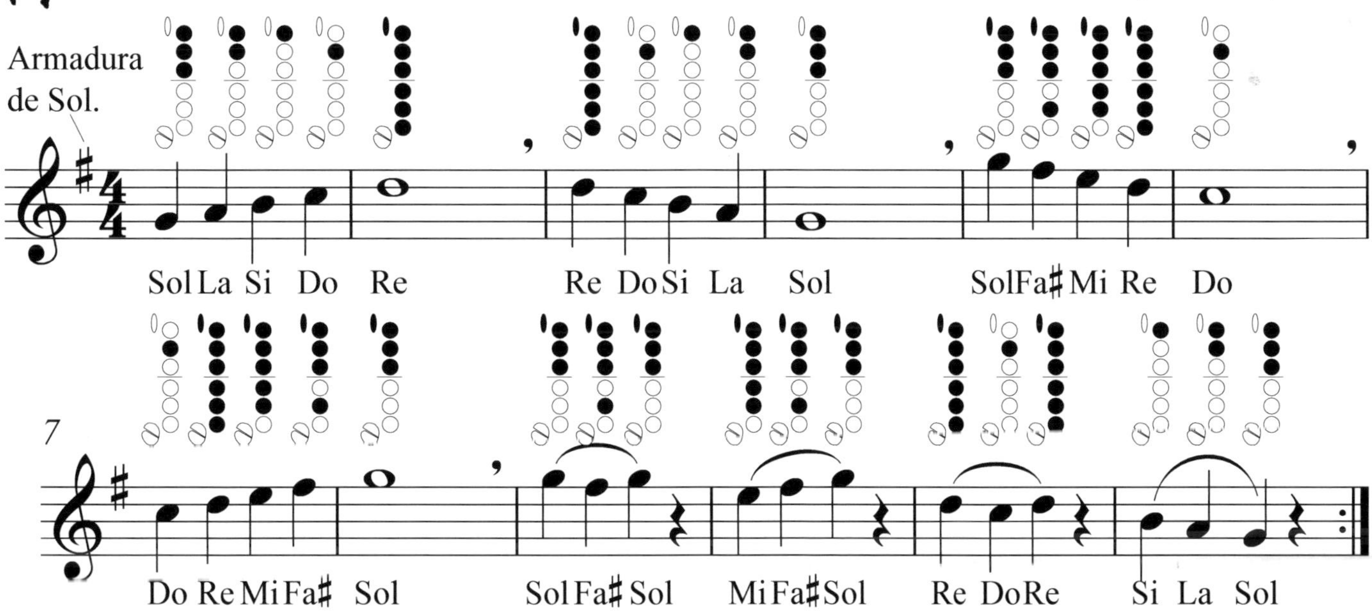

## Blanca con puntito.

Pon atención en estos dos estudios, te vas a encontrar una nota blanca con un puntito, esa nota vale tres tiempos, porque el puntito aumenta el valor de la nota, la mitad de su valor original. Si la nota vale dos tiempos y le pones un puntito, entonces son; 2 + 1 = 3.

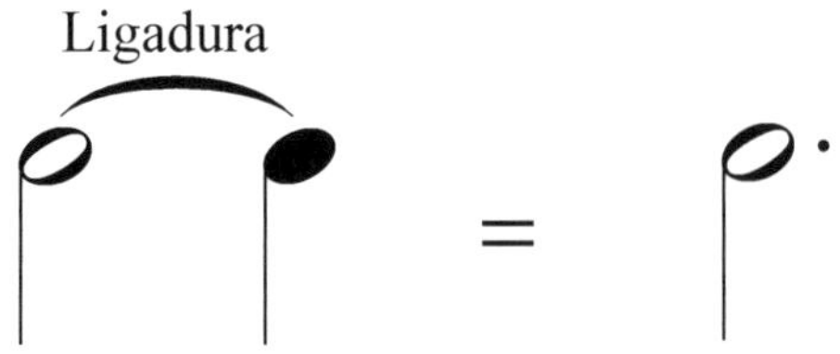


Una nota blanca ligada a una nota negra vale 3 tiempos.

Una nota blanca con puntillo vale 3 tiempos.

# Estudio Para Saxofón No. 15

15

**Moderato** ♩ = 83

Easy Music School

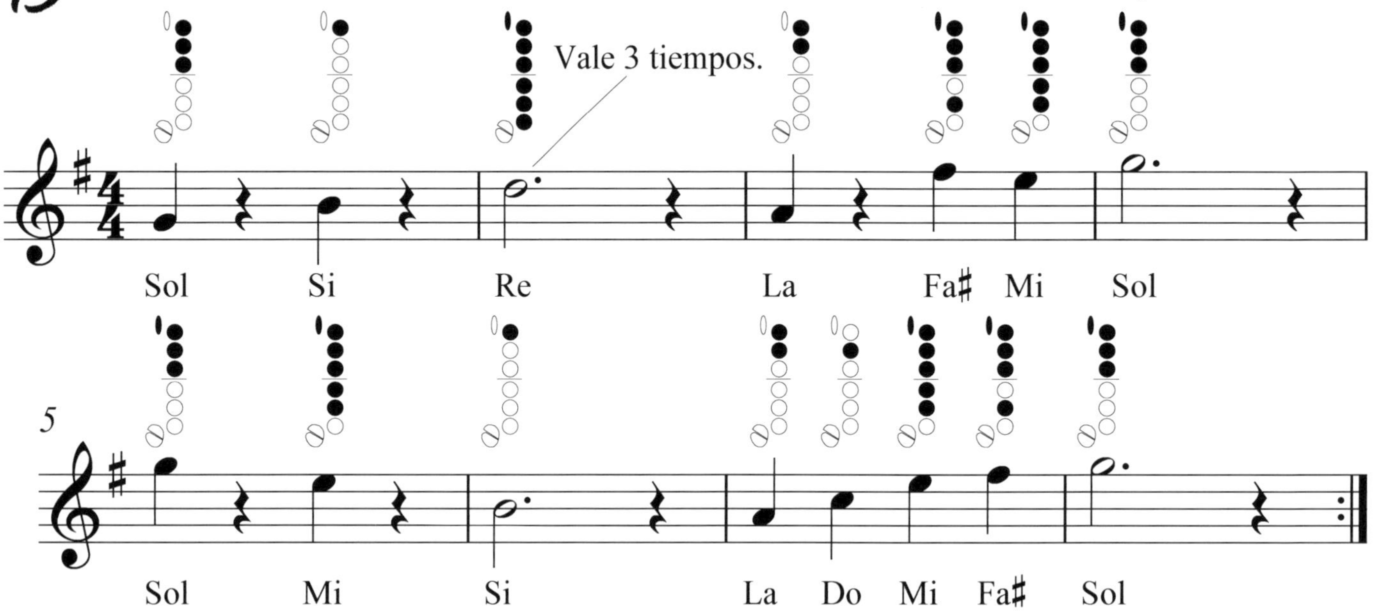


La ligadura alarga el valor de la nota. Fijate en el compás número tres, la nota de Do de dos tiempos está ligada a una nota de un tiempo, como puedes ver hay un solo dibujito de sax, y el nombre de la nota esté debajo de una sola nota, pero si escuchas el CD, la nota se oye larga, porque se toca una vez Pero dura tres tiempo.

En el estudio 15, hay notas en brinquitos, o saltos. En el compás No. 3 del estudio 15 la nota salta de La a Fa♯. En el primer compás del estudio No. 16 la nota salta de Sol a Mi.

# Estudio Para Saxofón No. 16

16

**Moderato** ♩ = 82

Vale tres tiempos.

Easy Music School

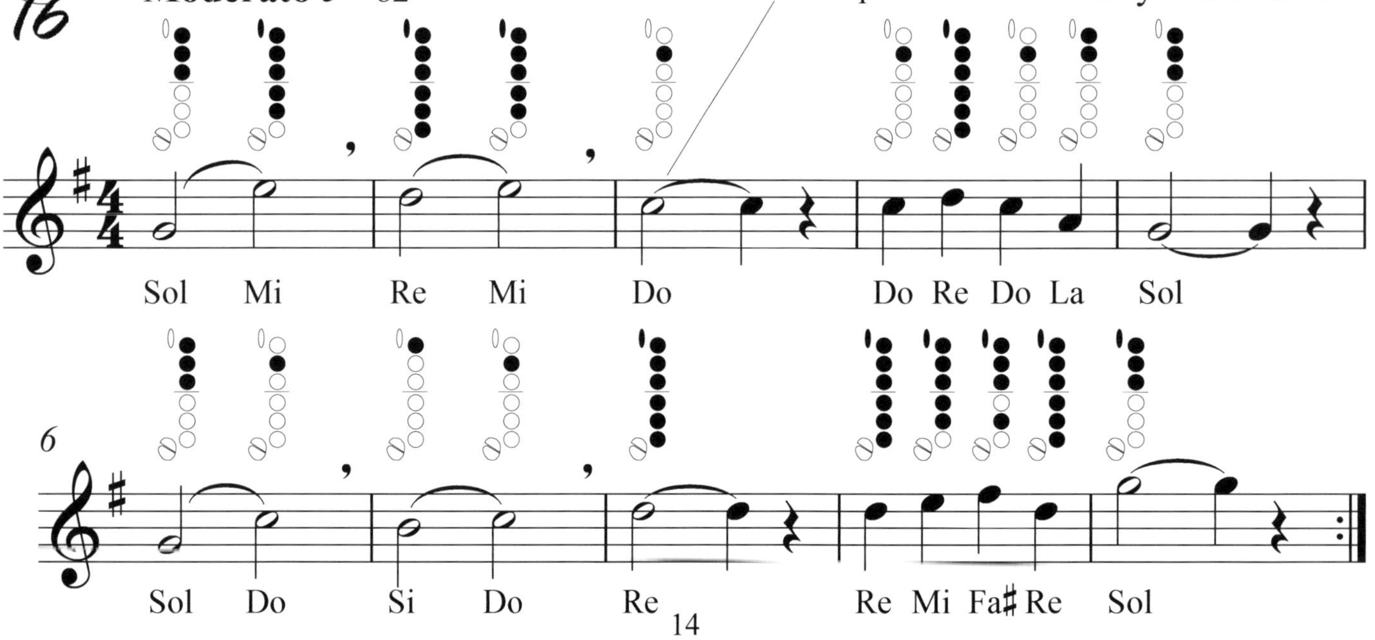

Aqui hay una nota nueva, el Do#, como puedes ver en el primer compás, se toca sin apretar ni una sola llavecita, asi que va a ser muy fácil aprenderte ésta nota.
Recuerda la nota blanca con puntito vale tres tiempos, es larguita.

La ligadura de fraseo se tocan todas las notas con una sola respiración.
Al final se repite por el signo de repetición al final.
El silencio de un tiempo hay que respetarlo bien, y recuerda las notas altas van con la llavecita de atras de la octava.

# Estudio Para Saxofón No. 17

17

Do♯

**Moderato** ♩ = 84

Easy Music School

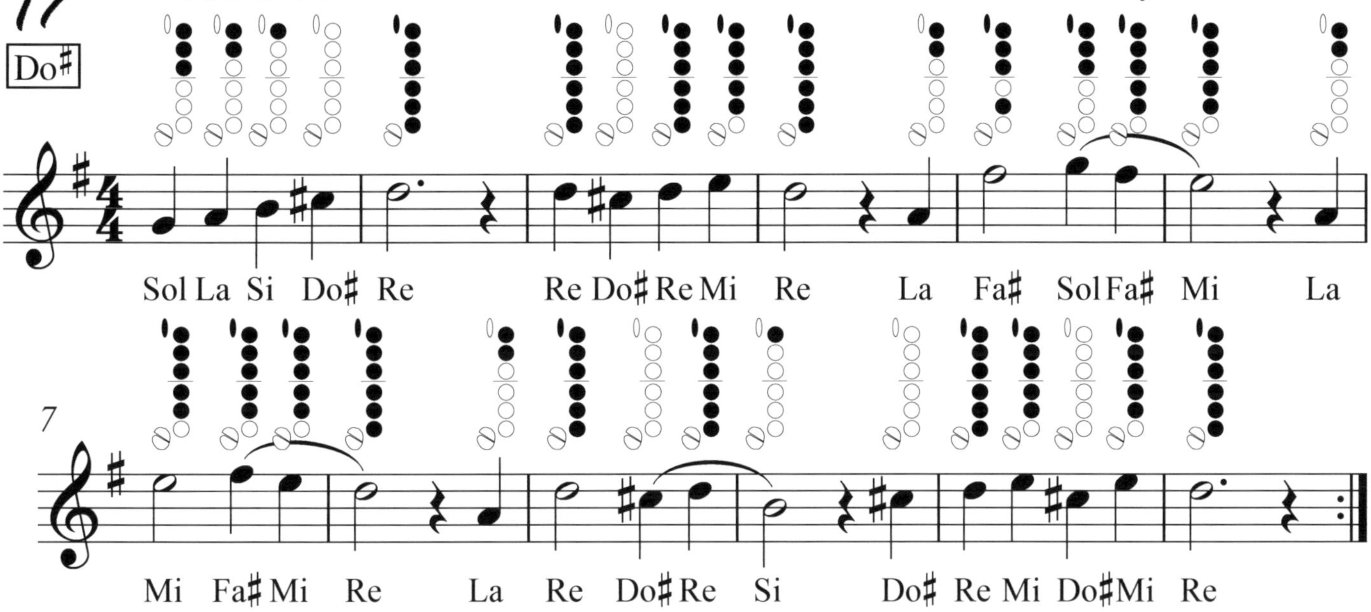


Ya es tiempo de empezar a tocar notas bajas, en éste caso vas a aprenderte tres notas más, Fa♯ - Mi - y Re, se tocan igual que las notas que ya sabes, pero sin apretar la llavecita de la octava.
Una cosa importante es que las notas bajas, algunas veces cuestan más trabajo de tocar.

Fijate en la armadura, es la armadura de Re, tiene dos sostenidos, Fa♯ y Do♯, quiere decir que todos los Fa y todos los Do son sostenidos.
Al último te vas a encontrar a la escala de Re, que es otra escala que debes de saber en el Sax.

# Estudio Para Saxofón No. 18

18

Fa♯

Mi

Re

**Moderato** ♩ = 84

Easy Music School

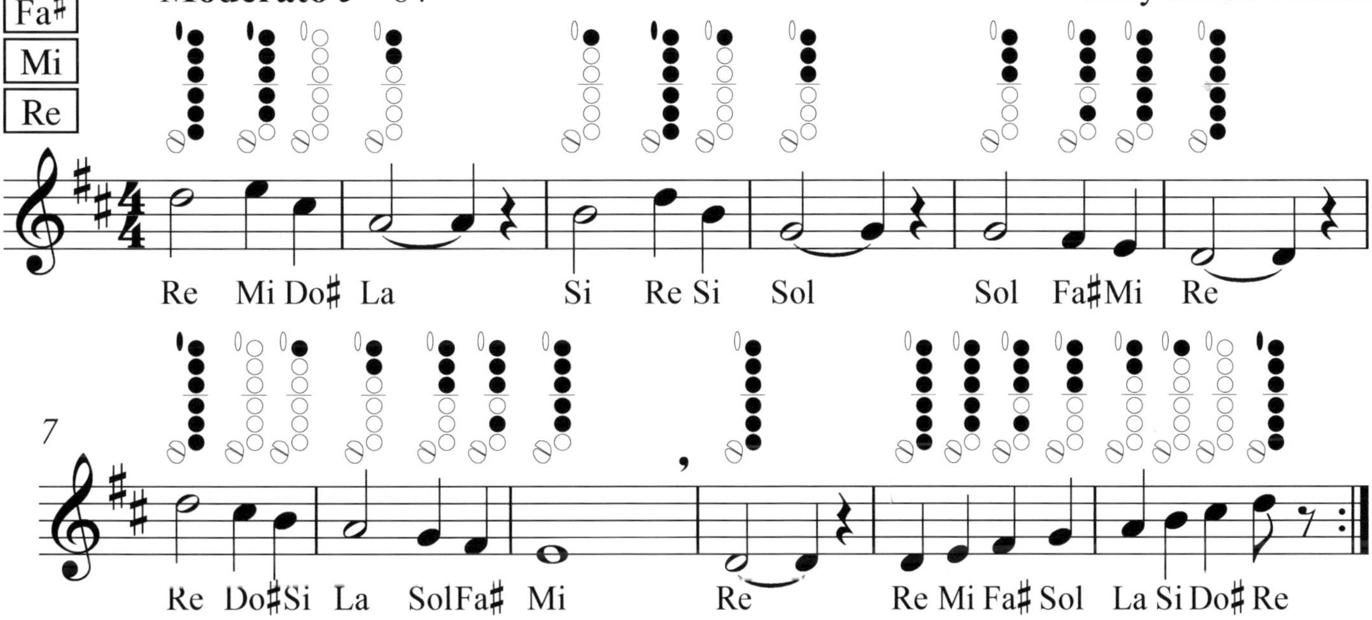

Otro estudio más en el tono de Re, las notas de la escala de Re son; Re, Mi, Fa♯, Sol, La, Si, Do♯ y Re.
Siempre toca a tiempo, si puedes tocar junto con el CD todo el tiempo es mejor.

A estas alturas del libro ya debes de saber tocar todas estas notas de memoria, y si hay algunas notas que se te olvidan, practica un poco más, el chiste es que te sepas de memoria todas y cada una de las notas de la escala de Sol y la escala de Re.

# Estudio Para Saxofón No. 19

19

**Moderato** ♩ = 84

Easy Music School

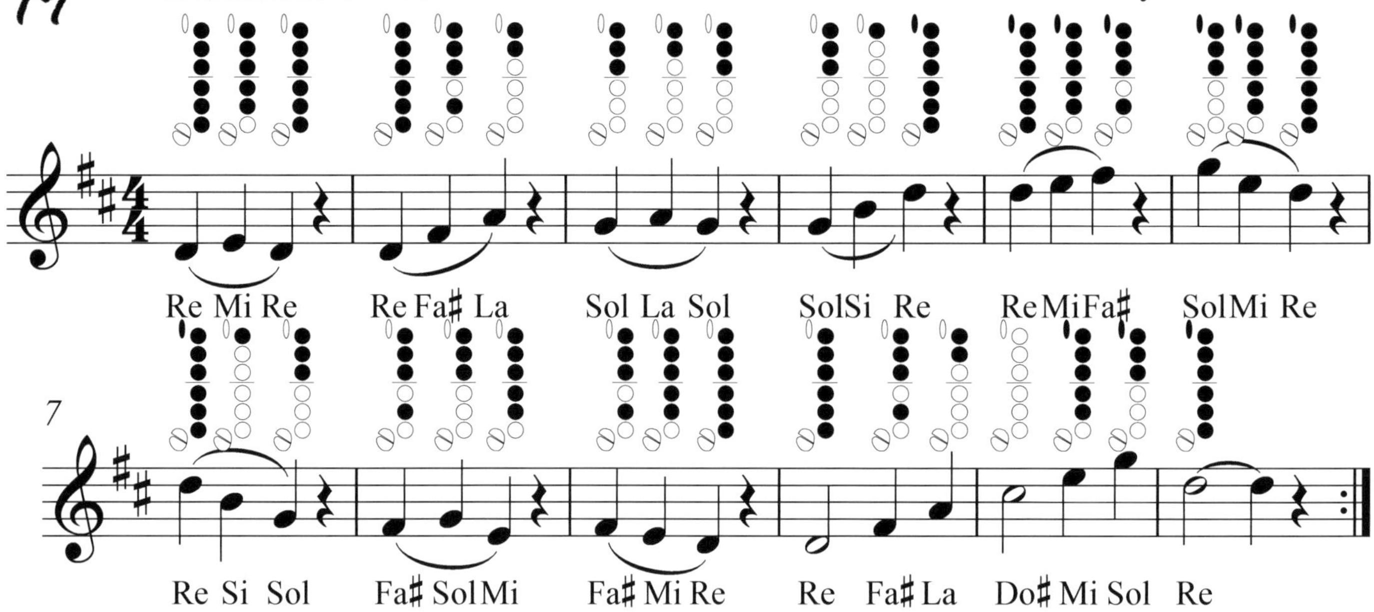


En el último estudio de éste primer nivel, vamos a ver los octavos, son dos notas que se tocan en un solo tiempo, escucha el CD y vas a oir como van.
El primer compás es una nota de un tiempo que es el Re, y luego toca dos notas de octavos que hacen un tiempo, el Mi y el Fa♯, y por último toca el Re otra vez, y luego un silencio para que puedas respirar.

Fijate que el ritmo es el mismo durante todo el estudio, eso te servira para que sepas como tocar los octavos.
Durante el libro hay varias canciónes que usan octavos, asi los vas a aprender a tocar muy bien.

# Estudio Para Saxofón No. 20

20

**Moderato** ♩ = 84

Easy Music School

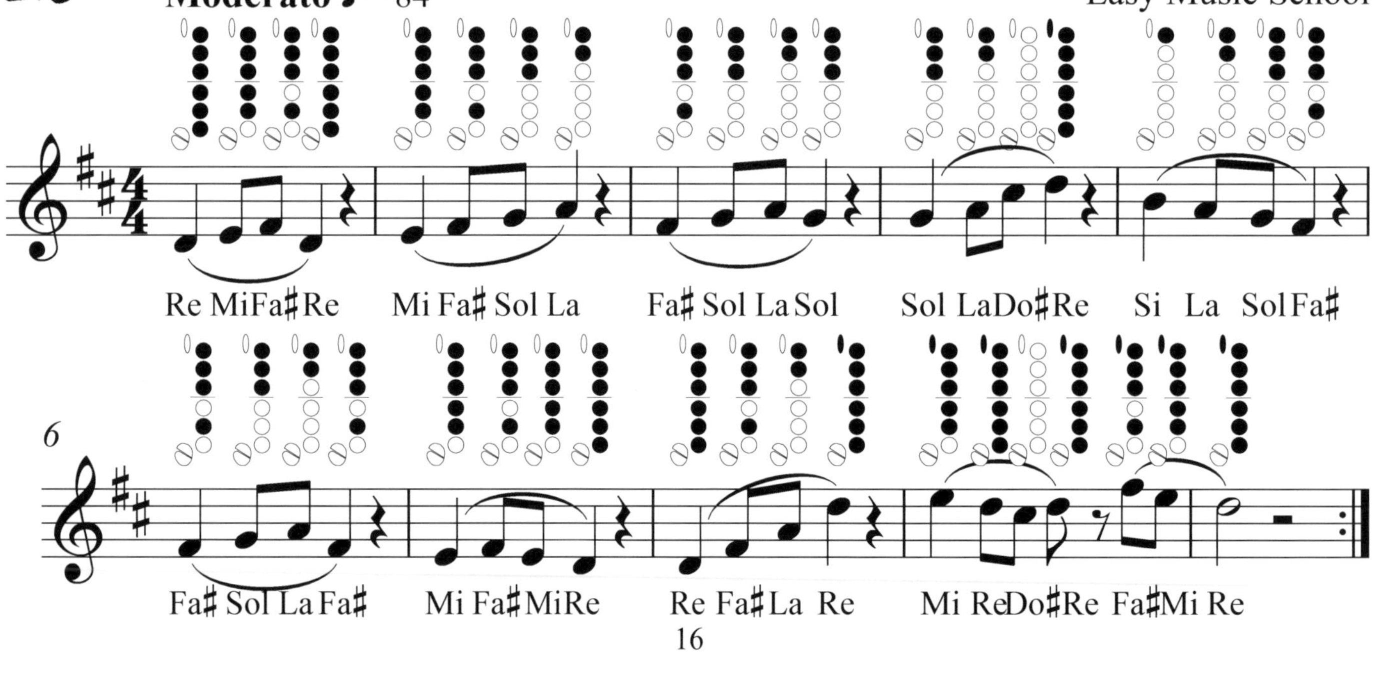

# Como tocar las escalas

## Notas de la escala de Sol Mayor.

La escala de Sol es la primer escala que aprende uno al tocar Saxofón. No hay notas muy bajas, que son un poco duras de tocar, y no hay notas muy altas, que también cuestan trabajo al tocarlas, por eso es una de las escalas más fáciles de tocar y de memorizar.
Lo importante es que al tocar la escala la toques a tiempo y con un buen tono, que no se oiga ni chillon, ni rasposo.

21

### Escala de Sol Mayor

**Moderato** ♩ = 84

Easy Music School

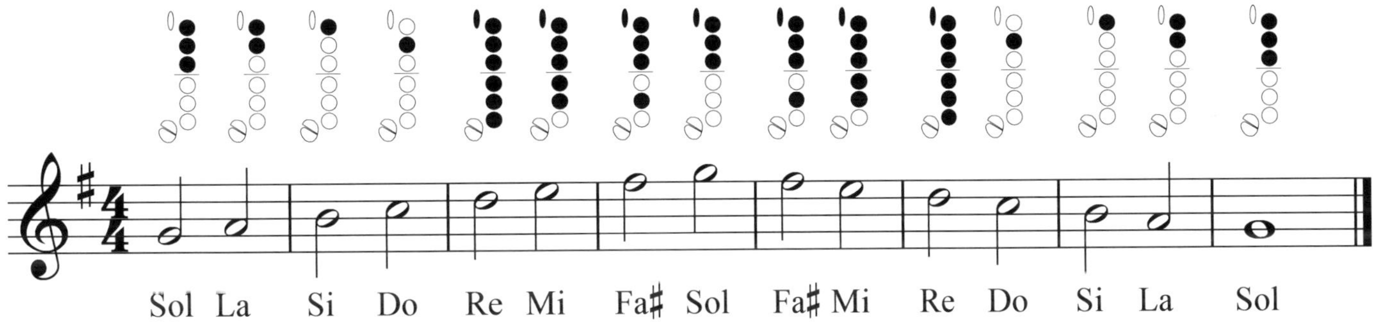


## Notas de la escala de Re Mayor.

Otra escala muy importante es la escala de Re Mayor, es un poco más baja que la de Sol y en la única nota que usas la llavecita de la octava, es al tocar el Re alto que está en la cuarta línea del pentagrama.
En ésta escala hay dos notas que son sostenidos, el Fa♯ y el Do♯. Toca cada escala muy bien, al menos 10 veces seguidas sin equivocarte.

22

### Escala de Re Mayor

**Moderato** ♩ = 84

Easy Music School

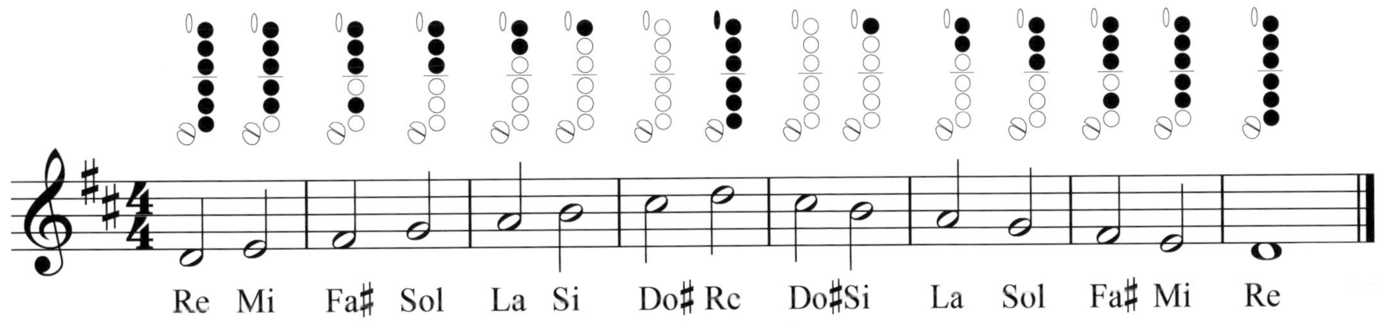

# Notas de la escala de Do Mayor.

La escala de Do usa una de las notas más bajas que se pueden tocar en el saxofón, que es la nota de Do. Esa nota requiere un poco de practica extra, porque no es tan fácil de tocar como las notas anteriores.
Una vez que ya puedas tocar todas las notas de la escala, practicala muchas veces hasta que te salga muy bien.

23

## Escala de Do Mayor

**Moderato** ♩ = 84

Easy Music School

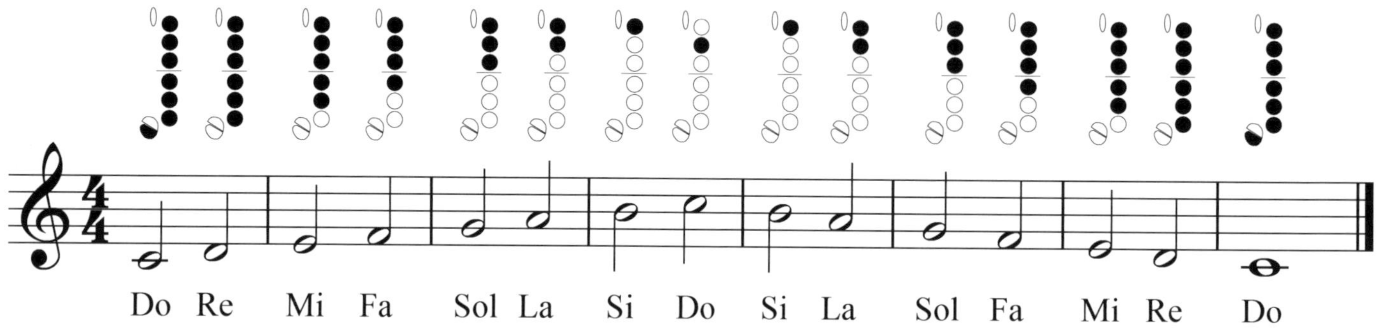


# Formas diferentes de tocar la misma nota

La nota de Si♭ se puede tocar de dirente forma, pero se escucha igual.

# Notas de la escala de Fa Mayor.

En ésta escala vas a aprender algo muy importante, la misma nota se puede tocar usando una combinacion de llavecitas diferentes, algunas notas en el sax son asi.
La nota de Si♭ que está en el segundo compás se toca de una forma diferente a la misma nota Si♭ que está en el sexto , usa las dos combinaciones de dedos y toca la que se te haga más fácil.

La misma nota
Diferente posición.

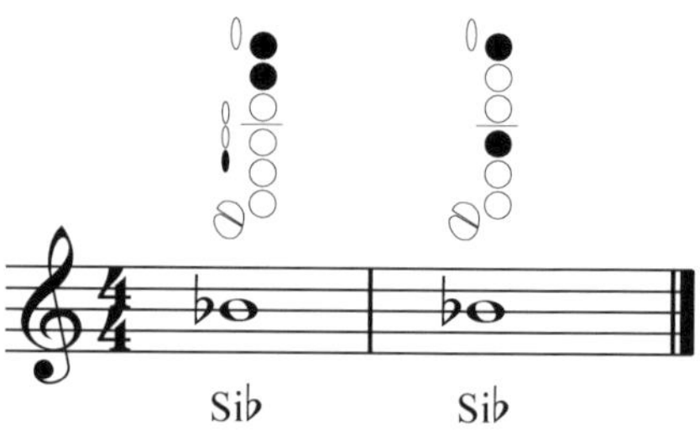


24

## Escala de Fa Mayor

**Moderato** ♩ = 84

Easy Music School

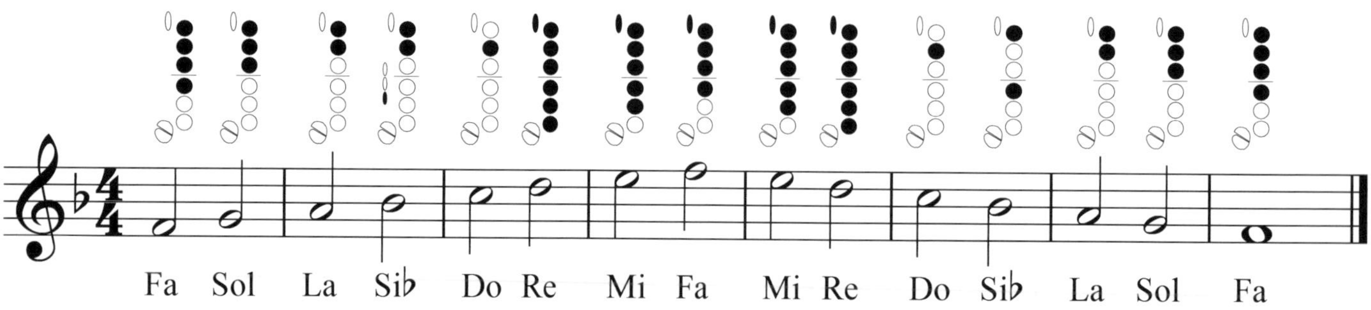

## Notas de la escala de Mi Mayor.

En ésta página vas a aprender varias cosas, lo primero son las escalas de Mi y de Mi♭, en la escala de Mi en el segundo compás, hay una nota de Sol♯ y en la escala de Mi♭ en el segundo compás hay una nota de La♭, fíjate que las dos notas se tocan exactamente igual, quiere decir que el Sol♯ y el La♭ se oyen igual y se tocan igual, pero se escriben diferente.

25

# Escala de Mi Mayor

**Moderato** ♩ = 84

Easy Music School

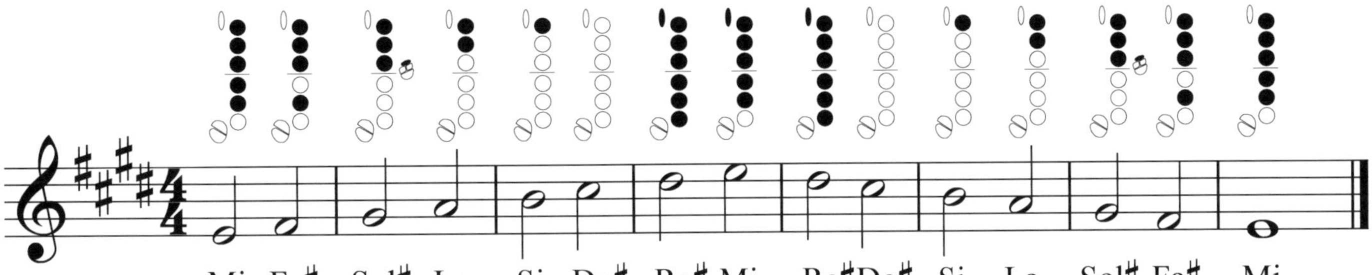


## Sol♯ y La♭ se tocan igual.

En las dos escalas está la misma nota, en la escala de Mi hay 4 sostenidos, Fa♯-Do♯-Sol♯-Re♯.
Y en la escala de Mi♭ hay 3 bemoles, Si♭-Mi♭-La♭.

## Notas de la escala de Mi♭ Mayor.

El Mi♭ que está abajo cuesta un poco de trabajo tocar, igual que el Do bajo, Fíjate en la nota de La♭ que se toca igual que el Sol♯ de la escala de Mi.
Cada una de las escalas que te has aprendido debes seguir tocandolas dia con dia muchas veces, poco a poco vas a ir agarrando velocidad.

26

# Escala de Mi♭ Mayor

**Moderato** ♩ = 84

Easy Music School

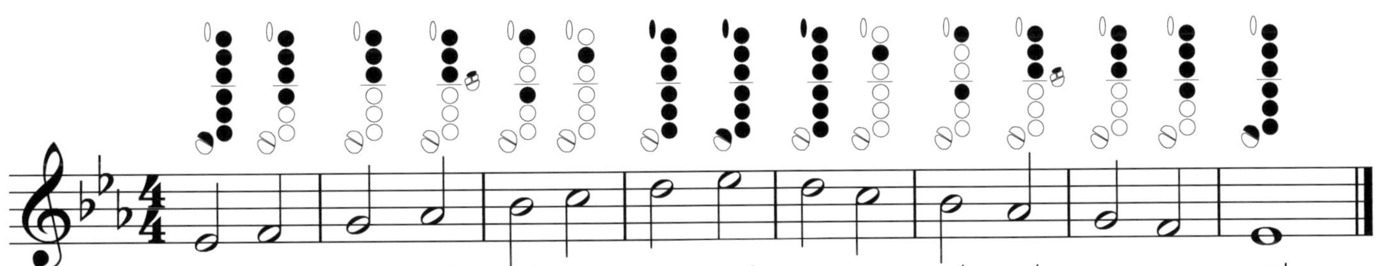

# Notas de la escala de La Mayor.

Con la escala de La y de Sib vas a aprender a tocar notas altas en el Sax. Hay muchas escalas y el saxofón puede tocar todas y cada una de ellas, pero en éste líbro solo vamos a poner algunas de ellas.
Si ya sabes tocar la escala de Mi y la escala de Re, ésta escala debe ser fácil para ti.
Cuida la nota alta de La.

27

## Escala de La Mayor

**Moderato** ♩ = 84

Easy Music School

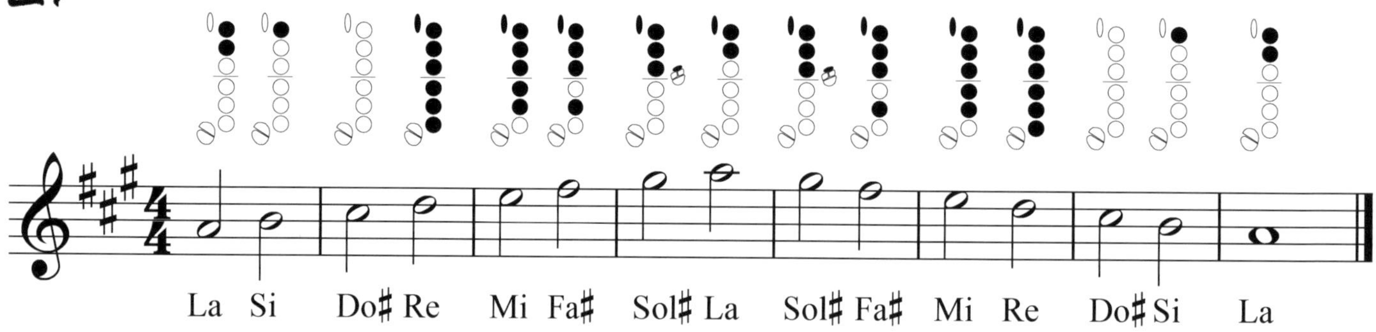


# Notas de la escala de Si♭ Mayor.

El Si♭ del cuarto compás es una de las notas más altas que vamos a estudiar en éste libro, cuando sepas tocar mejor podras tocar nota mucho más altas que esa, pero por lo pronto con el Si♭ está bien.
Recuerda que la mayoria de notas en ésta escala llevan la llavecita de la octava.

28

## Escala de SI♭ Mayor

**Moderato** ♩ = 84

Easy Music School

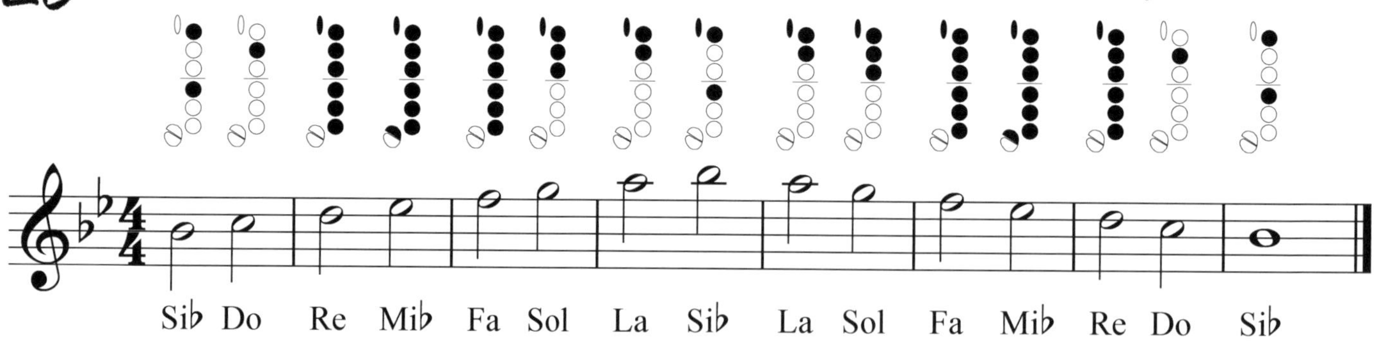


# Notas de la escala de Si♭ Mayor.

Las armaduras son muy importantes para reconocer el tono en el que ésta una canción. Si tiene dos sostenidos, está en RE, si tiene 3 bemoles está en MI♭. Aprendete estas.

Armaduras de algunos tonos.

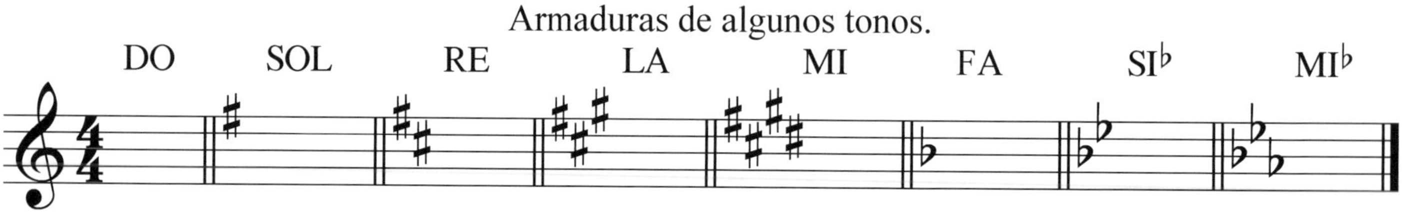

## Escala de La menor armonica.

Asi como hay escalas Mayores, también hay escalas menores. En las escalas menores hay tres tipos, en éste primer líbro vas a aprenderte la más comun de las tres, la escala menor armonica.
Se escucha como si fuera Música de la india, y hay muchas canciónes que se tocan usando escalas menores.

29

# Escala de La menor armonica

**Moderato** ♩ = 84 — Easy Music School

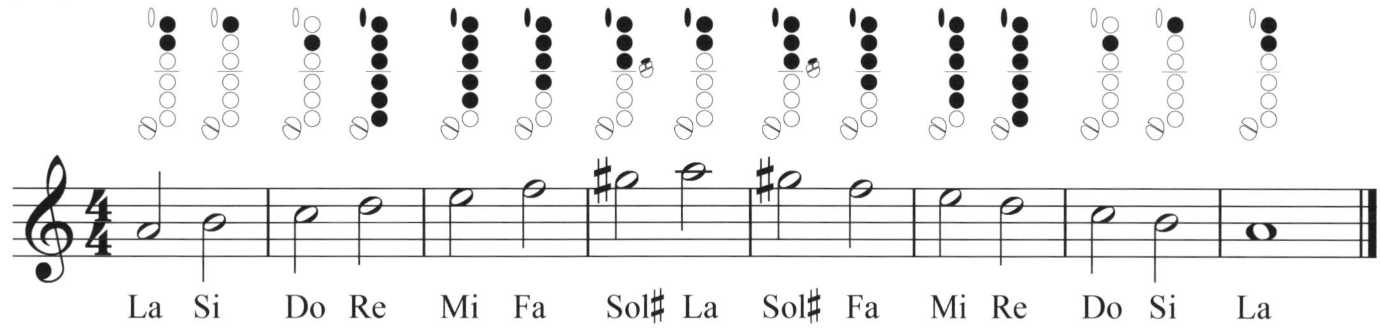


## Escalas menores.

Como referencia te pongo las notas de los tres tipos de escalas menores.
Escala de La menor natural: La-Si-Do-Re-Mi-Fa-Sol-La.
Escala de La menor armonica: La-Si-Do-Re-Mi-Fa-Sol♯-La.
Escala de La menor melodica: La-Si-Do-Re-Mi-Fa♯-Sol♯-La-Sol-Fa-Mi-Re-Do-Si-La.

## Notas de la escala de Mi pentatonica.

Y por último vamos a estudiar una escala que se usa mucho en el rock, en el blues y en el jazz, es una escala que solo tiene cinco notas, la puedes tocar en cualquier tono, en éste caso vamos a usar el tono de Mi menor, y es la escala de Mi menor pentatonica. ("*Penta*" quiere decir cinco, o sea cinco notas solamente). Las notas se repiten en cualquier dirección. Ésta escala se oye muy bonita si se toca rapido.

30

# Escala de Mi menor pentatonica

**Moderato** ♩ = 84 — Easy Music School

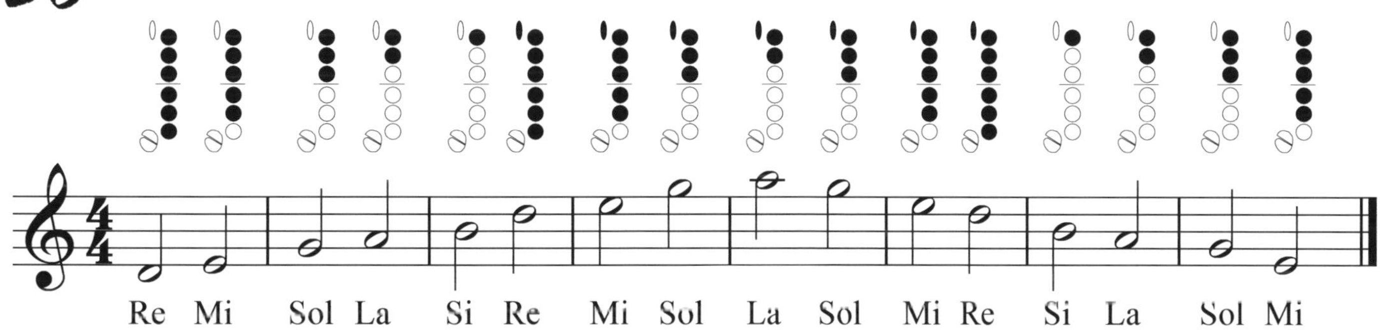

# Canciónes muy sencillas

## Con pocas notas.

Practíca éstas melodias con notas basicas, como la redonda (𝅝), y la blanca (𝅗𝅥). Ésta canción lleva solo 4 notas, y es muy fácil de tocar, lo importante es que la puedas tocar a tiempo junto con el CD y que las notas se oigan claritas, y que respires de la manera adecuada, "simplemente" que la toques bien.

> ¿En que tono está ésta canción? __________
>
> ¿Cual es la nota más alta que se toca? ___________

31

### Simplemente

**Lento** ♩ = 75

Easy Music School

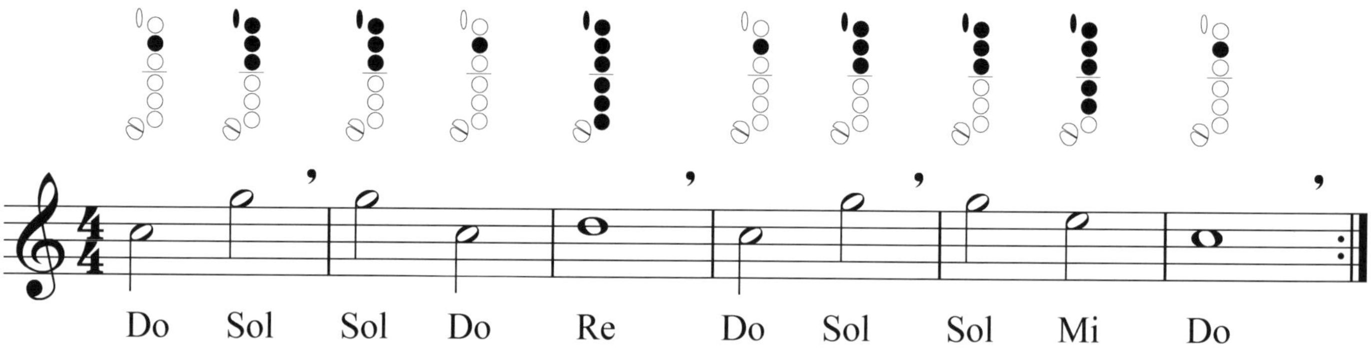


## Con silencios de un tiempo.

En ésta canción vas a practicar las notas negras, o de un tiempo (♩). Y también los silencios de un tiempo, (𝄽). Las notas son fáciles de tocar y ya te las debes saber de memoria, las pongo arriba solo como referencia, pero trata de ver las notas solamente.

Si escuchas el CD y tratas de tocar la música con un piano o una guitarra, te vas a dar cuenta que se oye en otro tono, y eso es porque el saxofón es un instrumento que transporta las notas.

> ¿Cuantas notas de un cuarto hay en un compás de 4/4? __________
>
> ¿La última nota que nota es? ___________

32

### El Primer Dia Que Te Vi

**Lento** ♩ = 75

Easy Music School

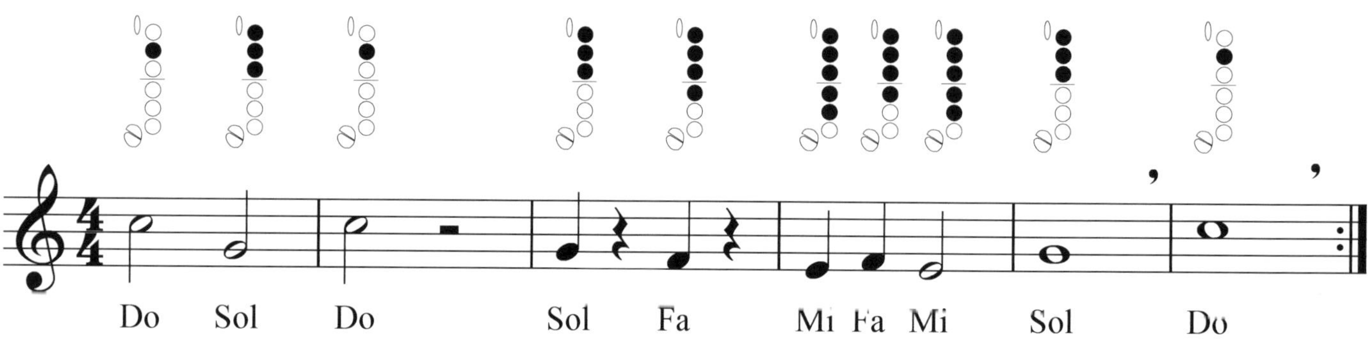

## Ligaduras.

La **ligadura** une a dos notas del mismo sonido, y sirve para alargar la duración de las notas.
En el compás dos, hay un Sol de dos tiempos y un Sol de un tiempo, pero como tiene la ligadura, entonces se toca solo una vez pero el sonido dura tres tiempos.
De la misma manera el compás que sigue hay un Do, y también dura tres tiempos, escucha el CD y toca junto con él.

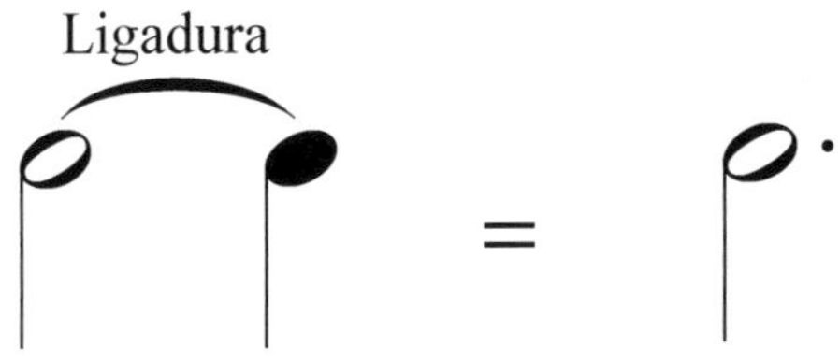


Una nota blanca ligada a una nota negra vale 3 tiempos.

Una nota blanca con puntillo vale 3 tiempos.

33

# Sin Tus Ojos

**Lento** ♩ = 75

Easy Music School

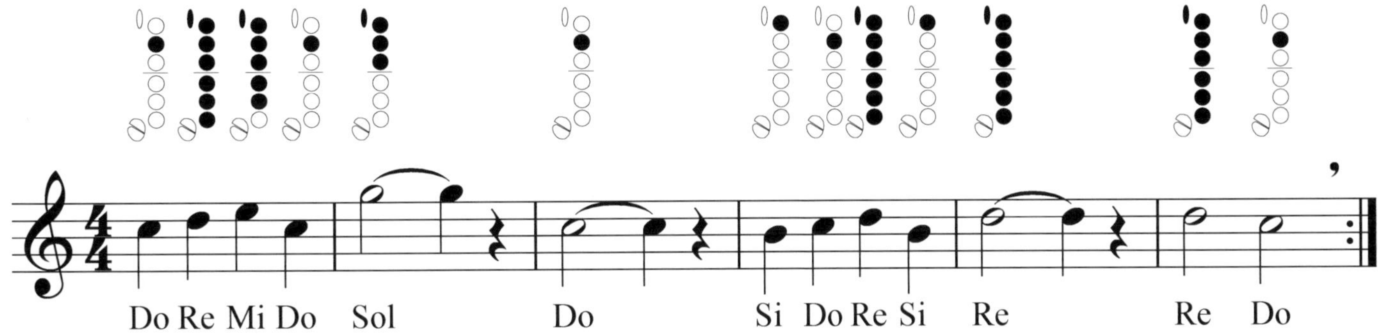


## Ligaduras de fraseo.

Y la **ligadura de fraseo**, se usa para tocar por grupos de notas o frases músicales.
El primer compás hay tres notas, un Sol de dos tiempos, un La de un tiempo y un Sol de un tiempo, y al principio del segundo compás hay un Do, estas cuatro notas tienen una ligadura debajo de ellas, quiere decir que al tocarlas debes usar una sola respiración y tocar las cuatro notas, luego respiras y tocas las siguientes tres.

¿Cual es la diferencia entre una ligadura y la ligadura de fraseo? __________

¿Para que sirve la comita que está arriba del pentagrama? __________

34

# Tres Dias Sin Ti

**Lento** ♩ = 75

Easy Music School

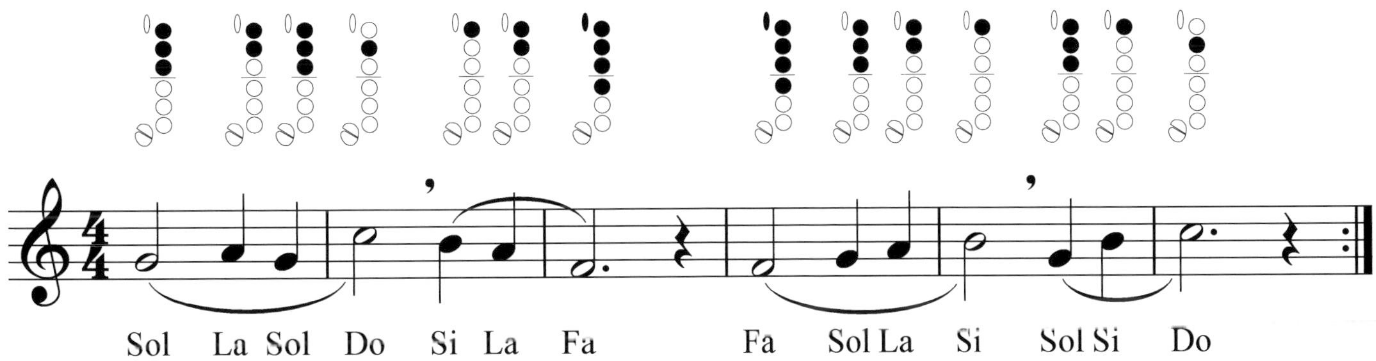

# Canciónes sencillas

## Canciónes en varios tonos.

El saxofón es un instrumento muy versatil, puede tocar en cualquier tono y cualquier tipo de ritmo, solo hay que darle tiempo para poder respirar.
A continuación hay cuatro canciónes en varios tonos.
Recuerda que si tocas la Música del CD en piano o guitarra se va a oir diferente.

> ¿Eres el sol tienc un sostenido al principio en la armadura, en que tono está? __________
> ¿Cual es la última nota? ___________

## Eres El Sol

35

**Moderato** ♩ = 80

Easy Music School

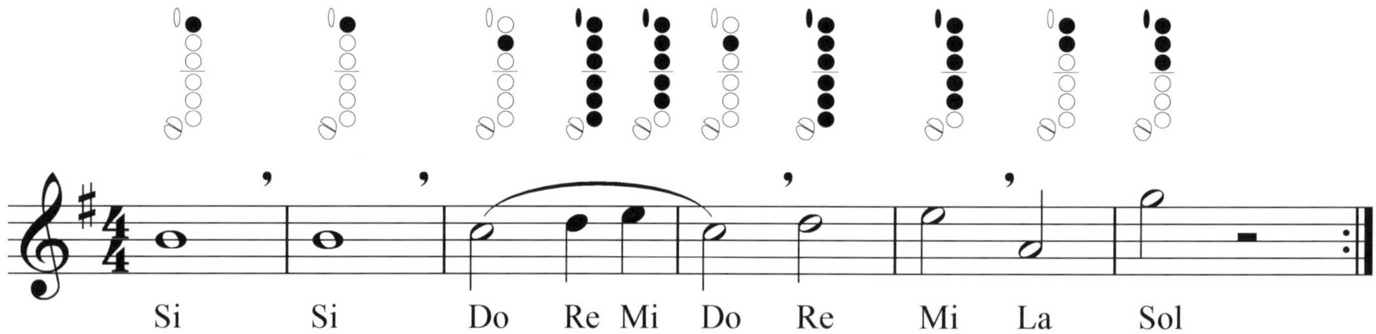


## Los octavos o las corcheas.

Los octavos, como su nombre lo dice duran un octavo de tiempo, o sea, que en un tiempo de un cuarto, se tocan dos octavos.
A los octavos también se le llaman corcheas, son las notas con una colita.
Cuando hay más de dos octavos juntos, se unen por una rayita negra horizontal.

Nota negra con puntito

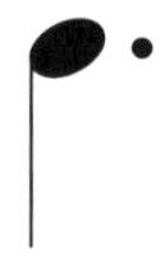

Ésta nota vale un tiempo y medio.

Corchea

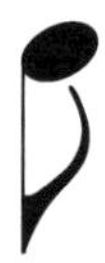

Ésta nota vale medio tiempo o un octavo.

## Reencuentro

36

**Moderato** ♩ = 80

Easy Music School

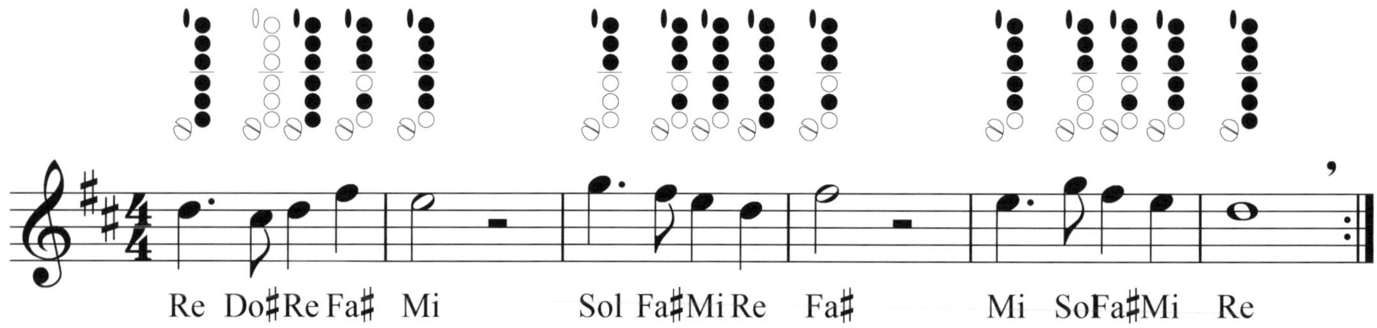

Aquí hay varios octavos juntos, son ocho en un compás, escucha el CD para que sientas en que tiempo se deben de tocar, son un poco más rapido que las notas de un tiempo, asi que mueve los dedos rapidito.

¿Con un bemol en la armadura, en que tono está ésta canción? ___________

¿Cual es la última nota? ____________

37

# Sueños De Fama

**Moderato** ♩ = 80

Easy Music School

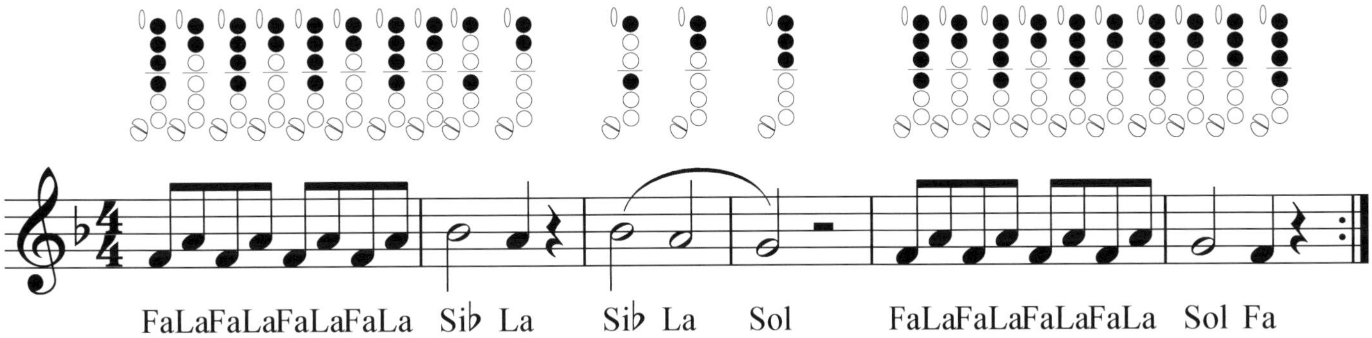


Notas de dos tiempos y cuatro octavos, asi se forma un compás completo de 4/4, dos octavos es un tiempo, cuatro octavos son dos tiempos, asi que, dos tiempos y la nota blanca de dos tiempos, suman cuatro tiempos.
Poco a poco le vas a entender mejor.

¿En la armadura hay dos sostenidos, cuales son? ___________
¿Cuales son las notas de la escala de Re? ____________

38

# Respirando Amor

**Moderato** ♩ = 80

Easy Music School

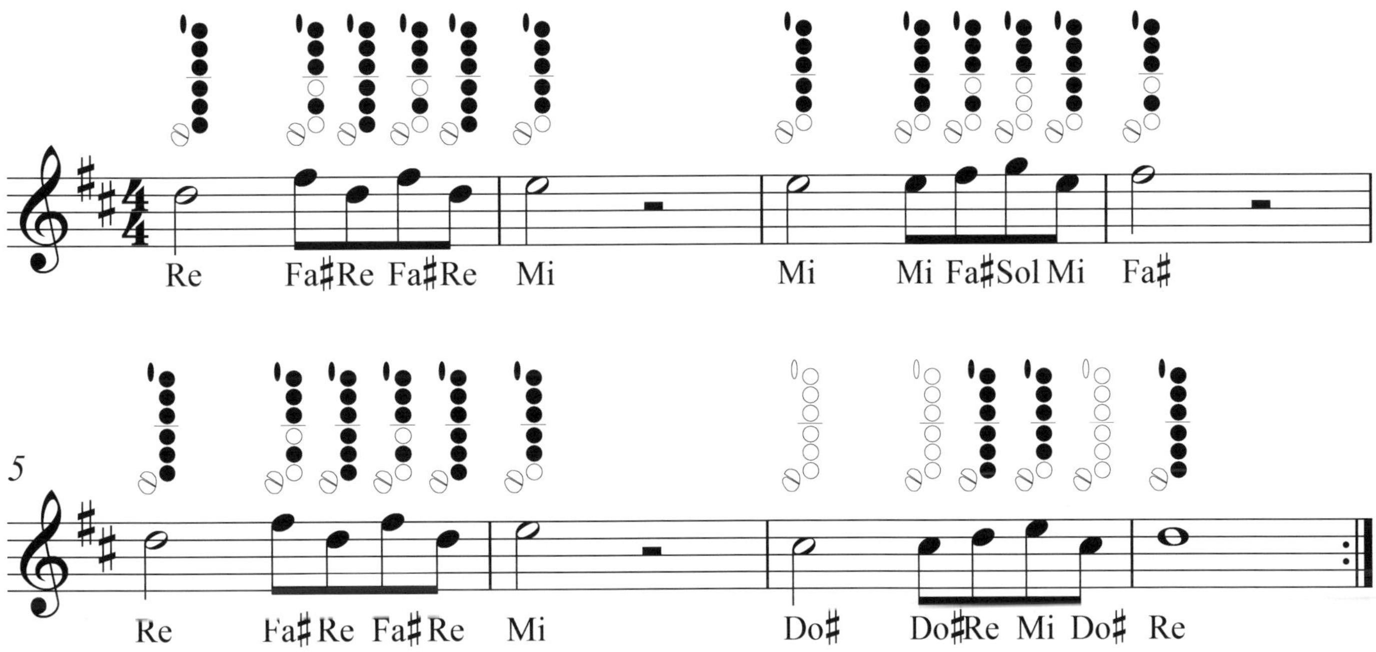

# Signos de repetición

## Los signos de repetición.

Hay una forma de repetir la música usando unos símbolos de repeticion, son las barritas con dos puntitos que ves en la partitura.

Repite toda la música que este dentro de las dos barras de repetición.

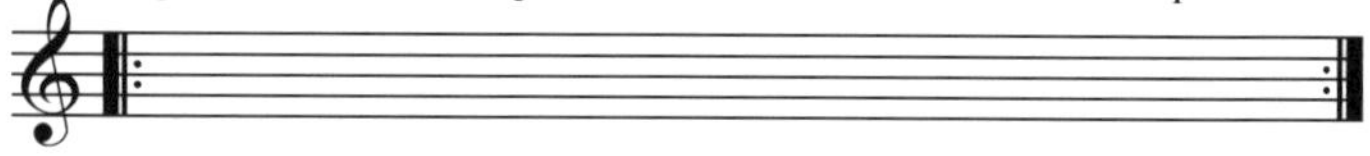

Cuando la música se repite, se usa un simbolo como una "S" (𝄋), y se llama "segno" del idioma italiano que significa "signo", y cuando la música se repite hay indicaciónes que dice que te regreses "al segno" o sea repite desde donde está el simbolo del segno (𝄋)

39

# Repitelo Otra Vez

**Moderato** ♩ = 80

Easy Music School

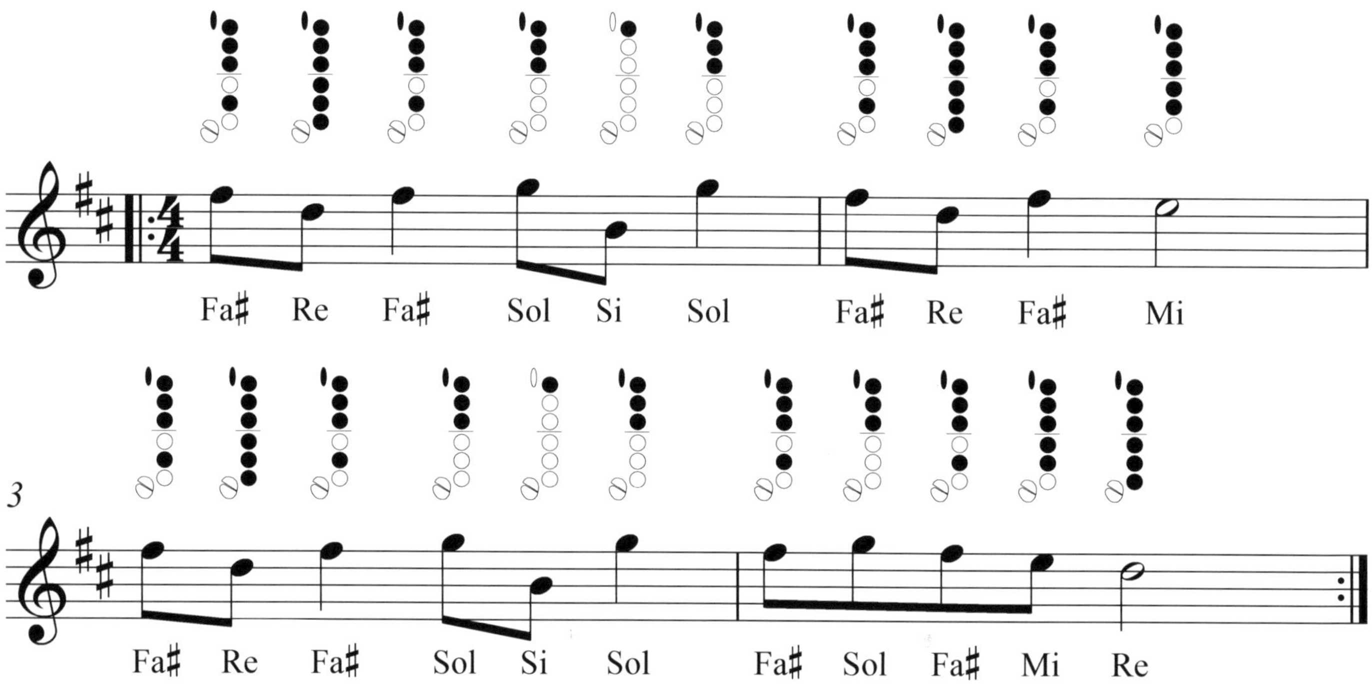


## El Motivo.

El motivo es un fragmento de música que se repite durante toda la canción. Pueden ser dos o tres notas, y es muy fácil de ver.
El motivo melódico es cuando se repiten las mismas notas, y por supuesto el mismo ritmo. El motivo ritmico es cuando el ritmo es igual pero las notas son diferentes. La mayoria de canciónes usan motivos para sus melodias.
La quinta sinfonia de Beethoven es una de las piezas más populares y tiene un motivo de tres notas.

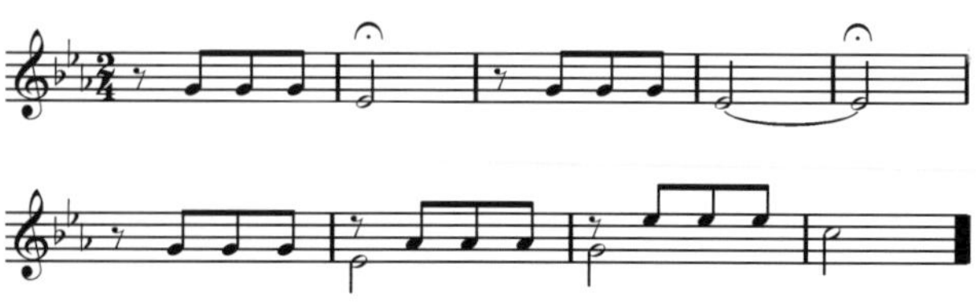

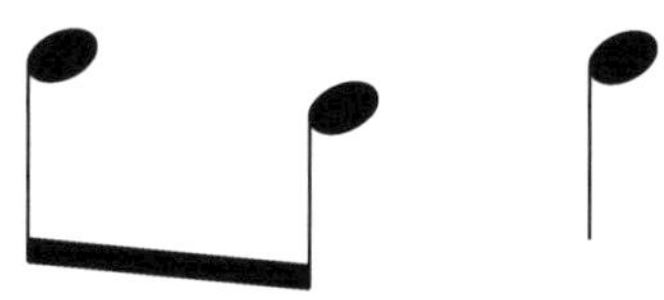

El motivo de ésta canción es dos corcheas y una negra, es un motivo ritmico porque las notas son diferentes pero el ritmo es igual.

En muchas ocaciones vas a encontrar música escrita, que no es para saxofón, y vas a ver que no tiene comitas de respiración, asi que tu debes de calcular el aire que ocupas para poder tocar la canción bien.
Lo prinpical es que toques cada una de las notas a tiempo y que se oigan bien.

¿La nota negra con puntito cuanto vale? ___________
¿Para que sirven los signos de repetición? ____________

40

# Un Amigo Nada Más

**Moderato** ♩ = 80

Easy Music School

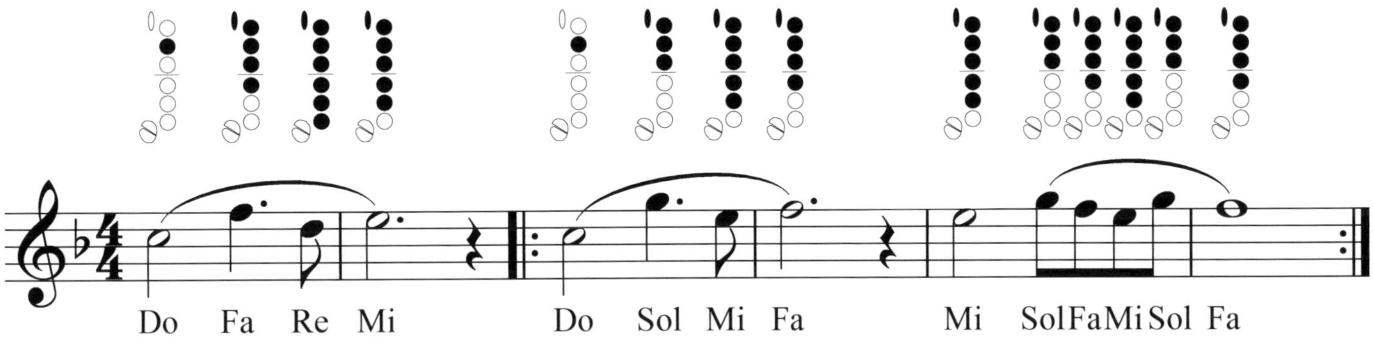


Ésta canción está en el tono de Do, y como puedes ver y oir, las notas son muy bajas, o lo que es lo mismo, el sonido es muy grave, ten cuidado de que se oigan todas las notas bien, tocar tan abajo en el saxofón no es muy común y cuesta un poco de trabajo, por eso ésta melodia es muy buena como practica de notas bajas.

¿Cuanto tiempo vale una corchea? ___________
¿Para que sirve la ligadura de frasco? ___________

41

# Abrazame Ahora

**Moderato** ♩ = 95

Easy Music School

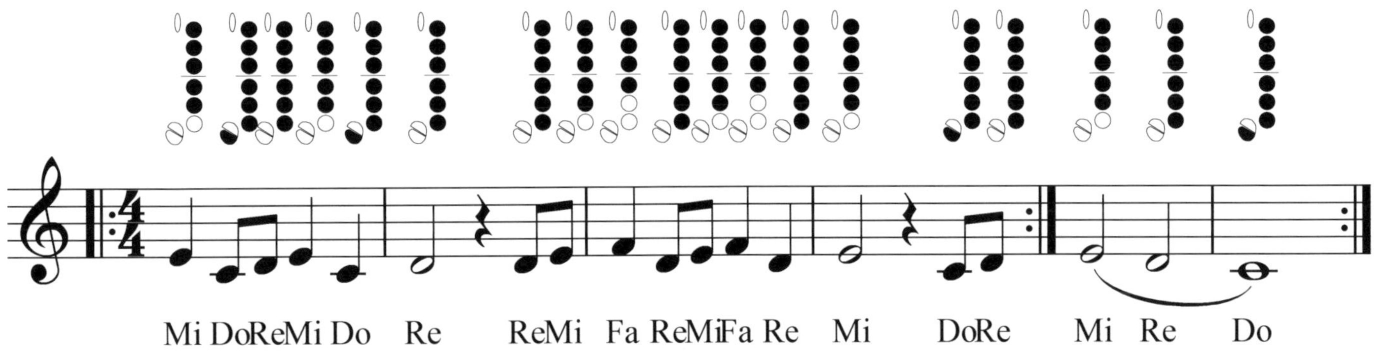


Contesta las siguientes preguntas:
¿Como se llama éste símbolo ♯ y para que sirve? ____________
¿Cuanto dura ésta nota 𝅗𝅥 y como se llama? ____________
¿Como se llama éste signo 𝄋? ____________
¿Cuantos sostenidos tiene la escala de Re? ____________
¿Que es una **armadura**? ____________
¿Cuanto tiempo dura éste silencio 𝄽? ____________

# Anacruza y dinamica

## Anacruza.

Hay canciónes que en lugar de empezar en el primer tiempo del compás, empiezan en el segundo o en el cuarto, o en cualquier otro tiempo, menos el primero. A ese conjunto de notas que están antes del primer tiempo se le llama anacruza. La anacruza puede ser una nota o varias notas. Ésta canción también está en el tono de Do, pero en las notas altas.

> ¿Cuantos octavos hay en un compás de 4 tiempos? __________
> ¿Cual es la nota que se toca en la anacruza? ___________

42

## Marcha Naval

**Moderato** ♩ = 95

Easy Music School

Anacruza

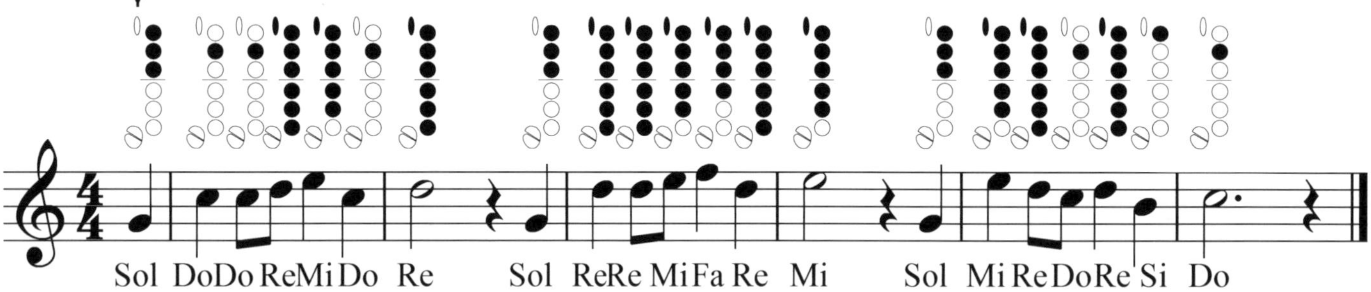


La anacruza de ésta canción es de dos notas, una anacruza puede ser de una o varias notas, mientras la canción no comienze en el primer tiempo, entonces se le llama anacruza.
Ésta canción va lenta, asi que vas a manejar el aire mejor, recuerda que aunque no tenga comitas de respiración, tu debes de calcular en donde respirar.

> ¿Dos corcheas cuanto tiempo valen? __________
> ¿Cuanto tiempo vale una blanca ligada a una negra? __________

43

## Una Triste Canción

Anacruza

**Lento** ♩ = 60

Easy Music School

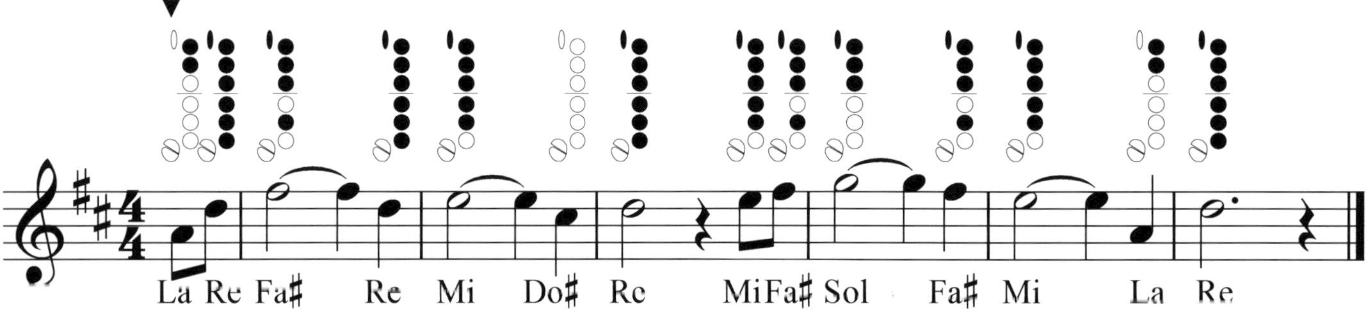

# Dinamica.

La dinamica te explica los símbolos que se usan en la música para que sepas cuando tienes que tocar con diferente volúmen. Siempre que escuchas música a veces se escucha muy fuerte o a veces muy quedito, pues en la música hay letras o palabras para decirte como debes de tocar.

El el saxofón entre más fuerte le soples, más fuerte se oye. Con el saxofón puedes tocar muy quedito o muy fuerte, es cosa de practica, y recuerda que no importa si tocas fuerte o quedito, las notas se deben oir muy bien.

44

## Di Que Si

**Moderato** ♩ = 80

Easy Music School

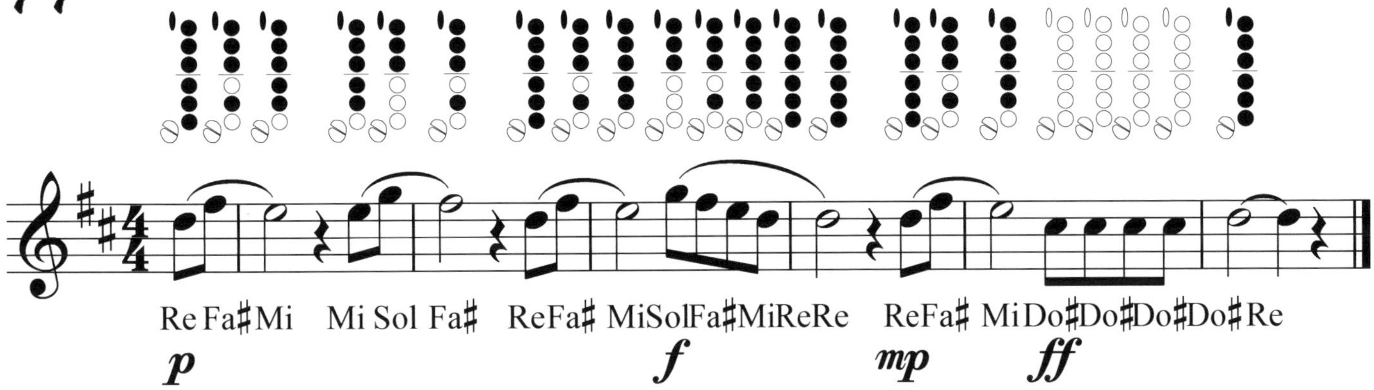


***pp*** *pianissimo* Toca muy bajito de volumen, que apenas se oiga.

***p*** *piano* Bajito de volumen, pero no tanto.

***mp*** *mezzopiano* Medio bajito, poquito mas fuerte que *piano*.

***mf*** *mezzoforte* Medio fuerte, poquito menos fuerte que *forte*.

***f*** *forte* Fuerte de volumen, que se oiga.

***ff*** *fortissimo* Ahora sí, toca muy fuerte, fuertisimo.

Cuando toques éstas canciónes trata de tocar quedito o fuerte de acuerdo a las letras que veas debajo de las notas. Aprendete estos cuantos símbolos, son muy fáciles.

*crescendo*

Quiere decir "creciendo", o sea que cada vez tocas mas fuerte.

*decrescendo*

Quiere decir "decreciendo", en éste caso poco a poquito le vas bajando el volúmen. Vas tocando mas bajito.

45

## La Brisa De Verano

**Moderato** ♩ = 95

Easy Music School

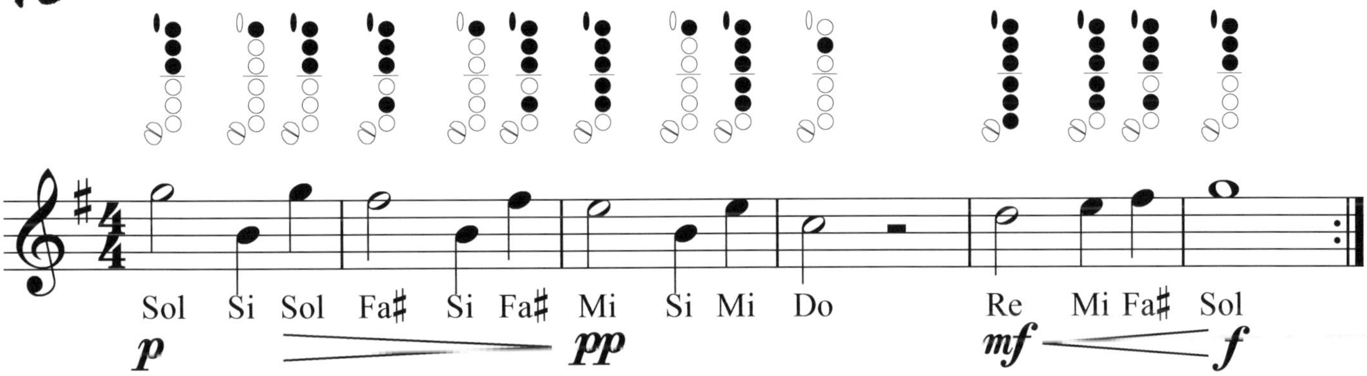

# Estudios de Arpegios

## En el tono de Sol Mayor.

46

**Moderato** ♩ = 80

Easy Music School

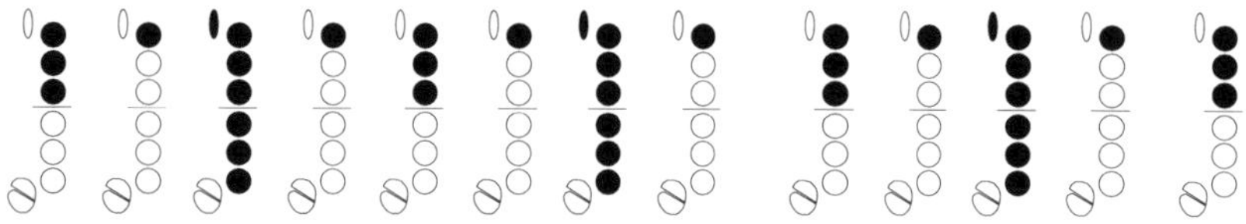

En éste arpegio se usa el acorde de SOL.

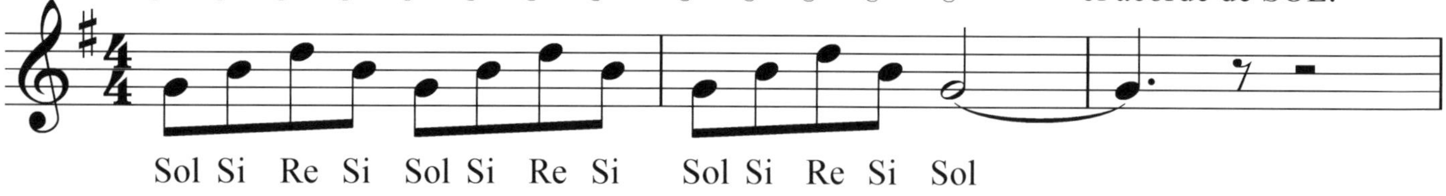


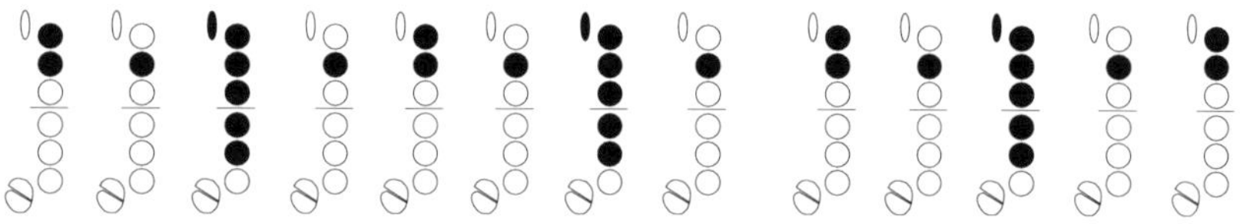

Aqui está el acorde de LA menor.

4

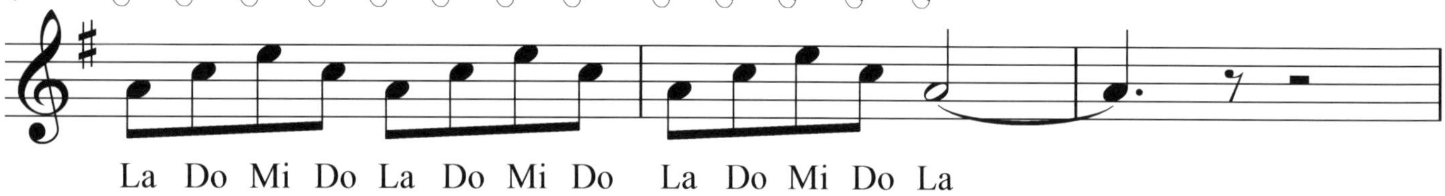


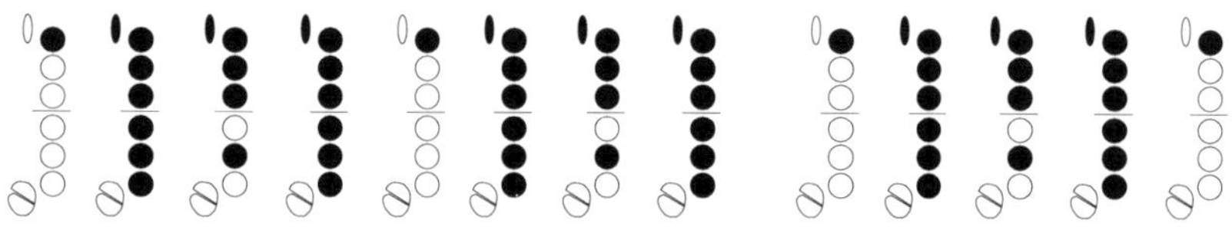

Ahora vas a tocar el acorde de SI menor.

7

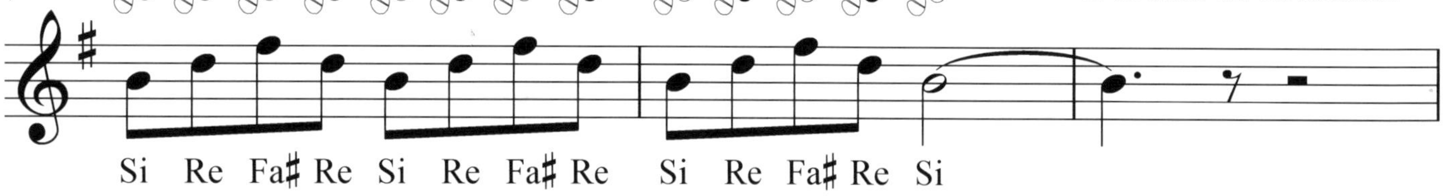


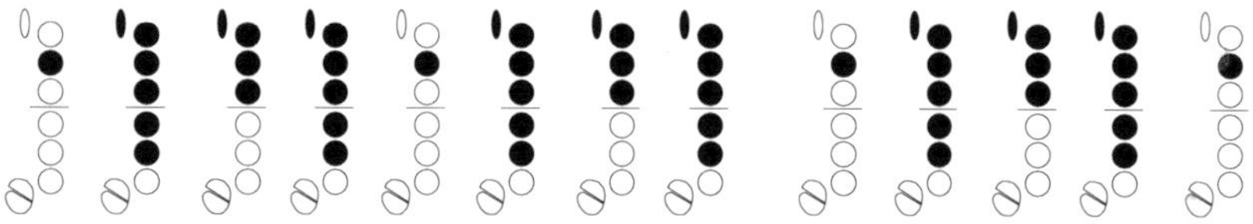

El acorde de DO se toca en éste arpegio.

10

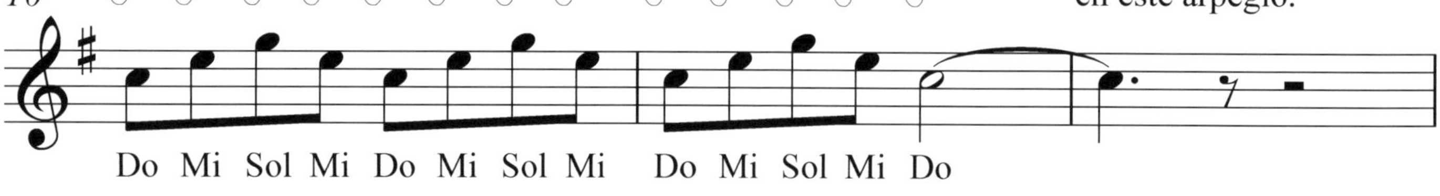


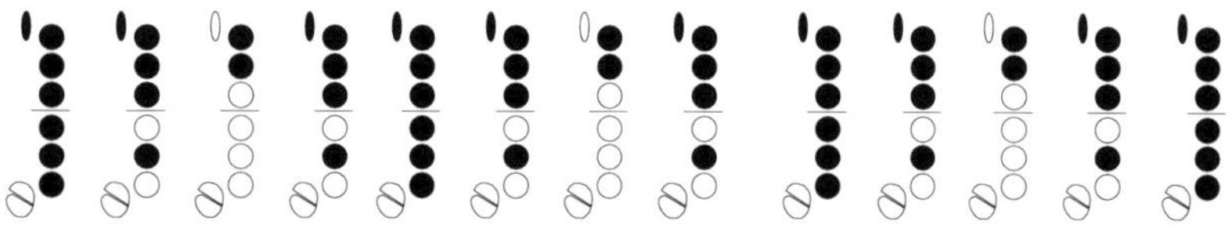

Y por último vas a tocar el arpegio de RE.

13

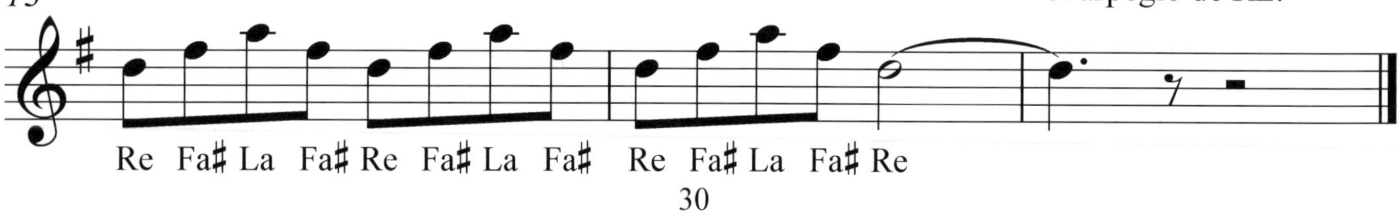

# En el tono de Re Mayor.

Como el saxofón no puede tocar más de una nota a la vez, por eso no puede tocar acordes, pero la forma de tocar un acorde en el sax, es haciendo un arpegio, que es una nota a la vez. Sigues tocando las notas del acorde, pero en lugar de tocar las tres notas al mismo tiempo, se toca de una por una.

47

**Moderato** ♩ = 80

Easy Music School

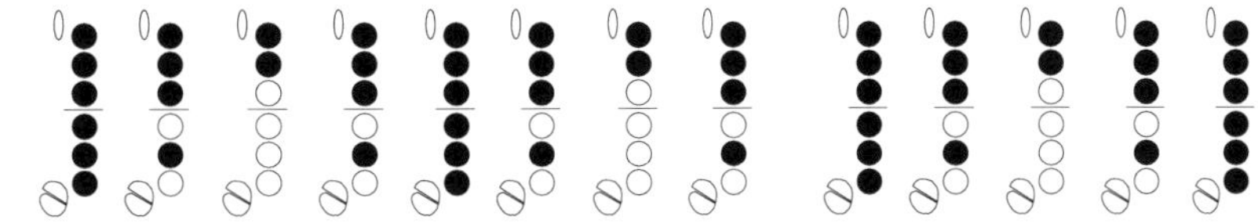

En éste arpegio se usa el acorde de RE.

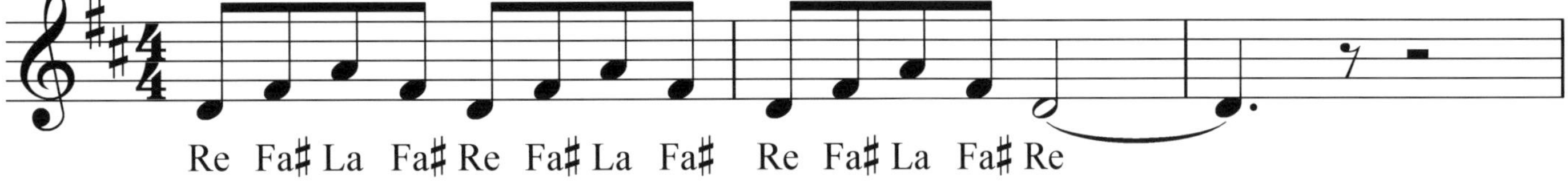


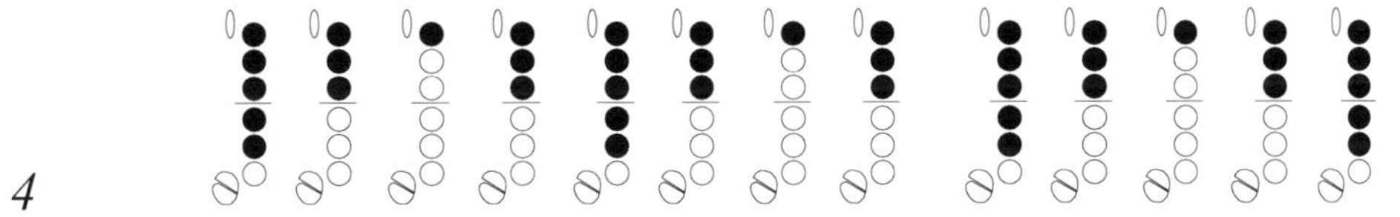


Aqui está el acorde de MI menor.

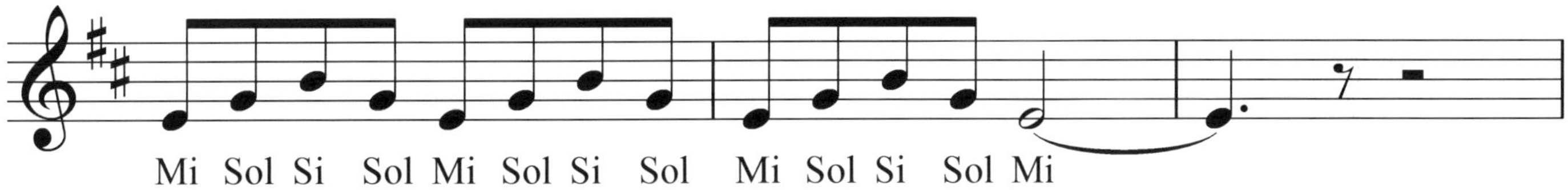


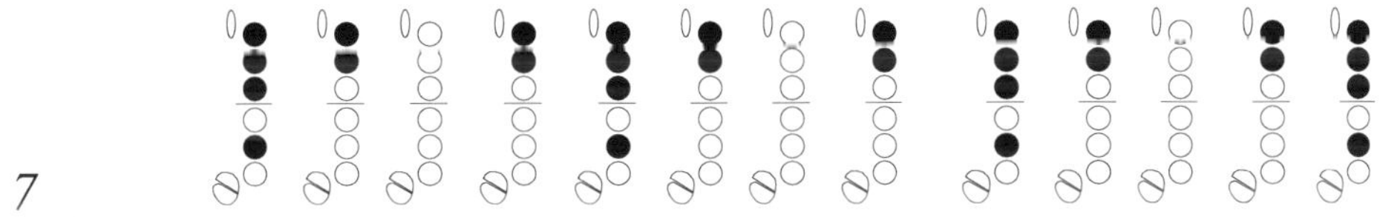


Ahora vas a tocar el acorde de FA♯ menor.

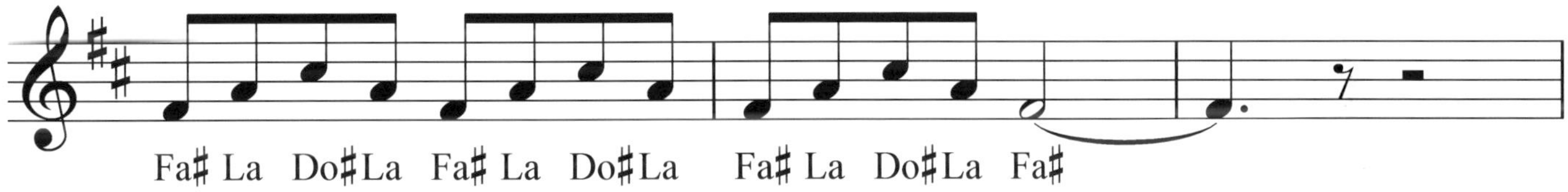


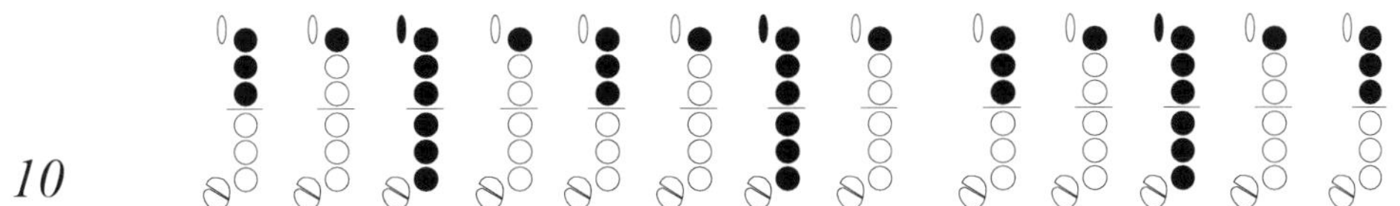


El acorde de SOL se toca en éste arpegio.

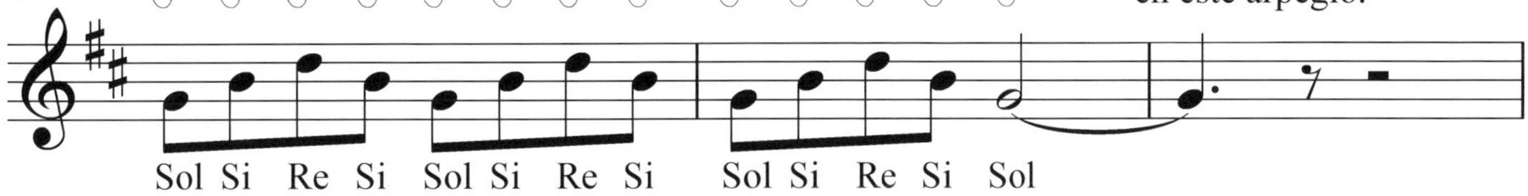


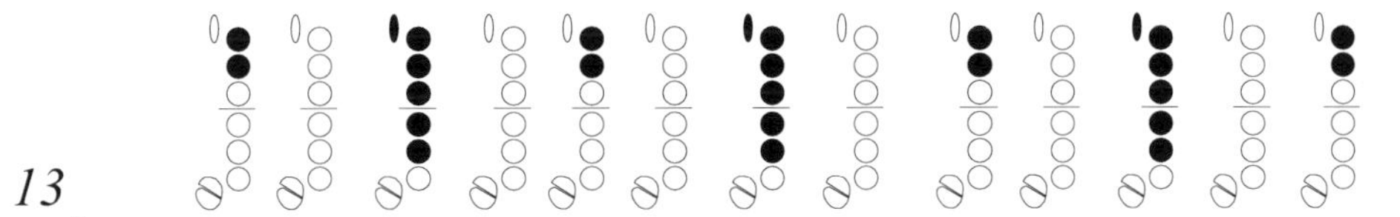


Y por último vas a tocar el arpegio de LA.

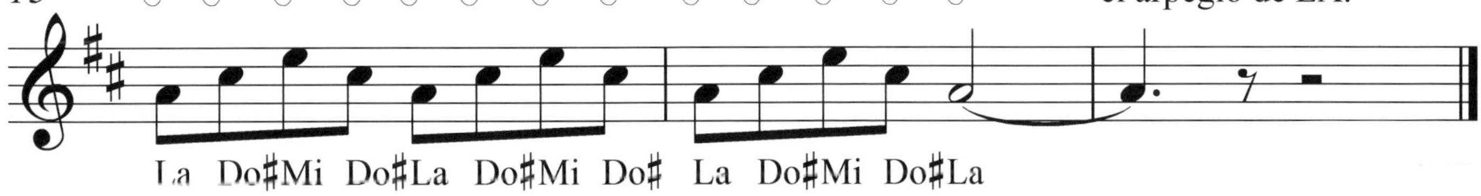

# En el tono de Fa Mayor.

Como hemos visto, hay arpegios en Sol, en Re, en Fa etc, puedes tocar cualquier arpegio en cualquier tono.
Si un acorde tiene 3 notas, si tocas cada una de esas tres notas, ya estas tocando un arpegio.

48

**Moderato** ♩ = 80 Easy Music School

En éste arpegio se usa el acorde de FA.

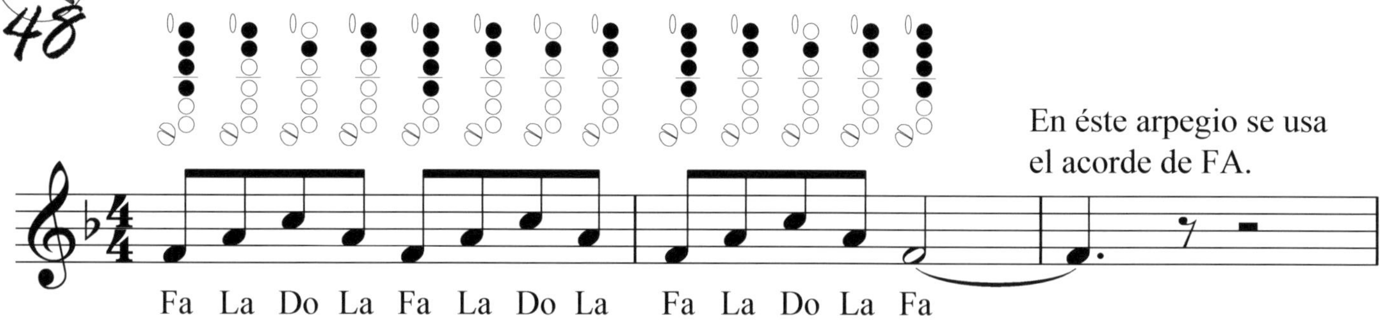


Aqui está el acorde de SOL menor, y la nota de Si♭ se puede tocar de dos maneras.

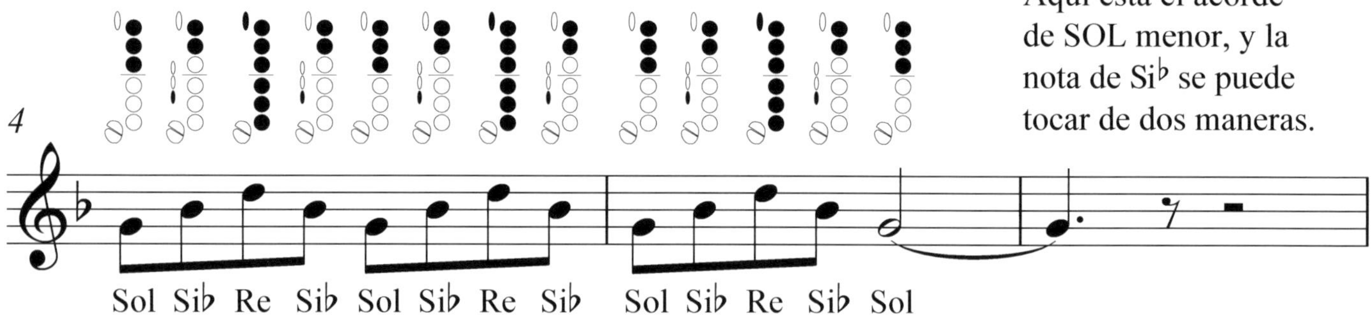


Ahora vas a tocar el acorde de LA menor.

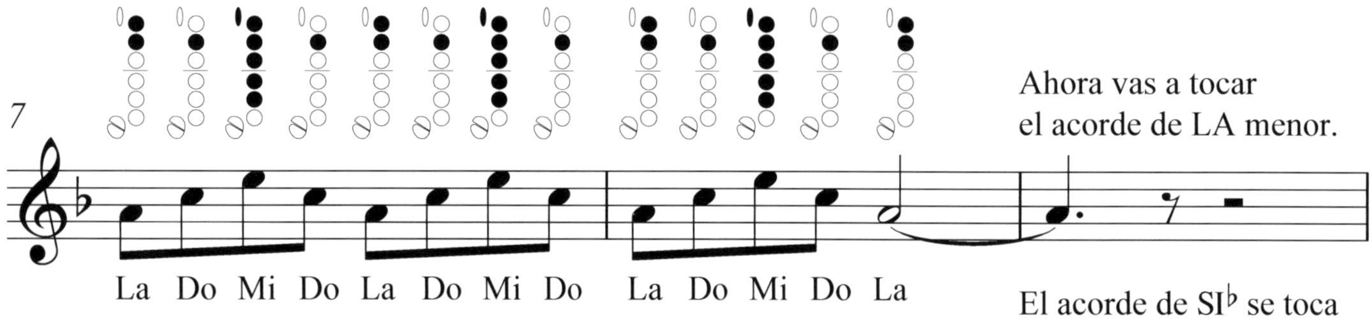


El acorde de SI♭ se toca en éste arpegio, toca el Si♭ de las dos formas y usa el que se te haga más fácil.

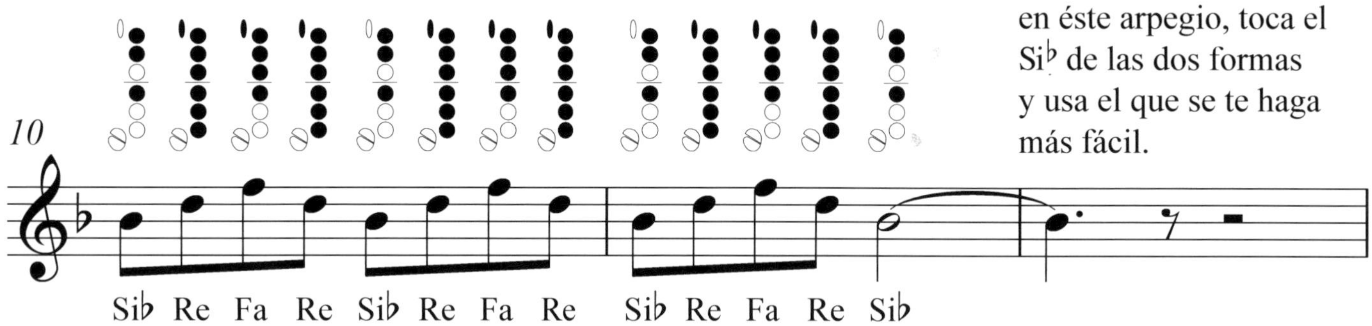


Y por último vas a tocar el arpegio de DO.

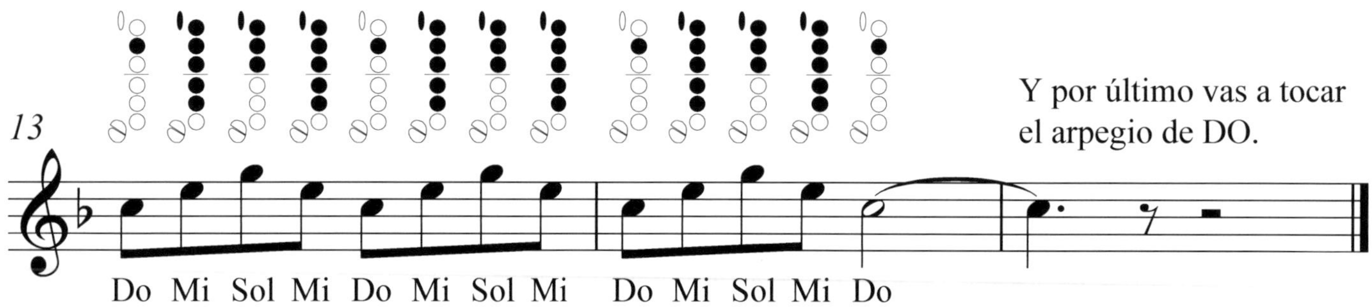

# Variaciónes de arpegios.

Hay varias formas en que se puede tocar un arpegio, a continuación hay solo algunas de ellas, en libros o canciónes vas a encontrar más, recuerda que un arpegio son las notas de un acorde, tocadas de una por una.

49

**Moderato** ♩ = 80

Easy Music School

Éste es el mismo arpegio de SOL, pero en lugar de tocarlo Sol-Si-Re, lo vas a tocar Re-Sol-Si, y también se puede tocar Si-Re-Sol.

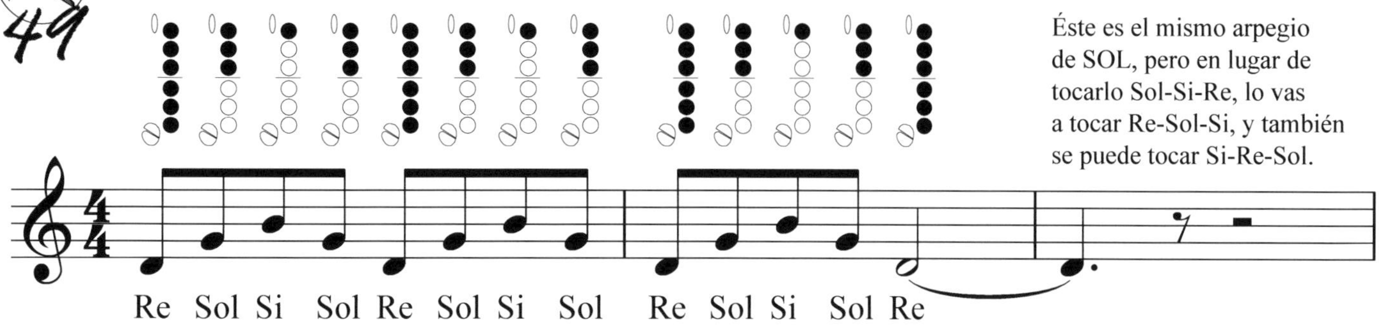


Un adorno en forma de arpegio usando el acorde de SOL menor las notas del acorde son Sol-Si♭-Re La nota de Fa está solo de paso, lo que cuenta es el arpegio.

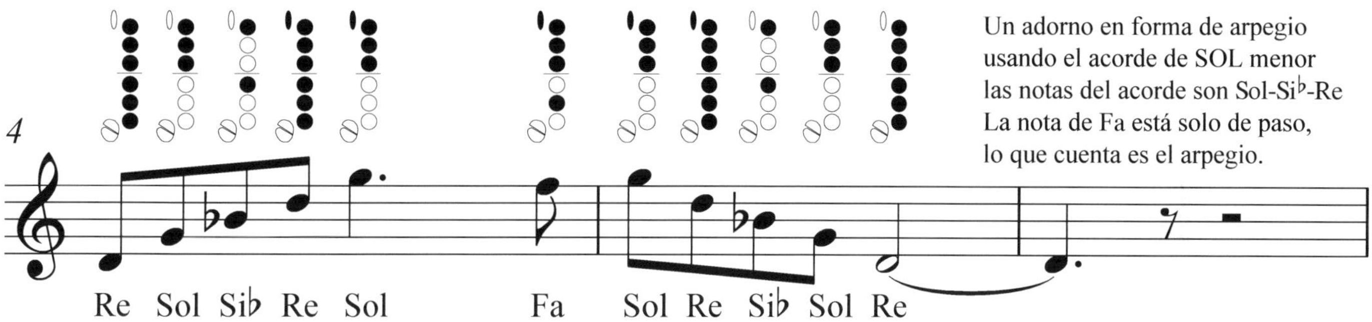


El mismo acorde de SOL, pero con un ritmo de tresillos, y usando la nota alta del tono. Los arpegios se pueden usar con cualquier ritmo

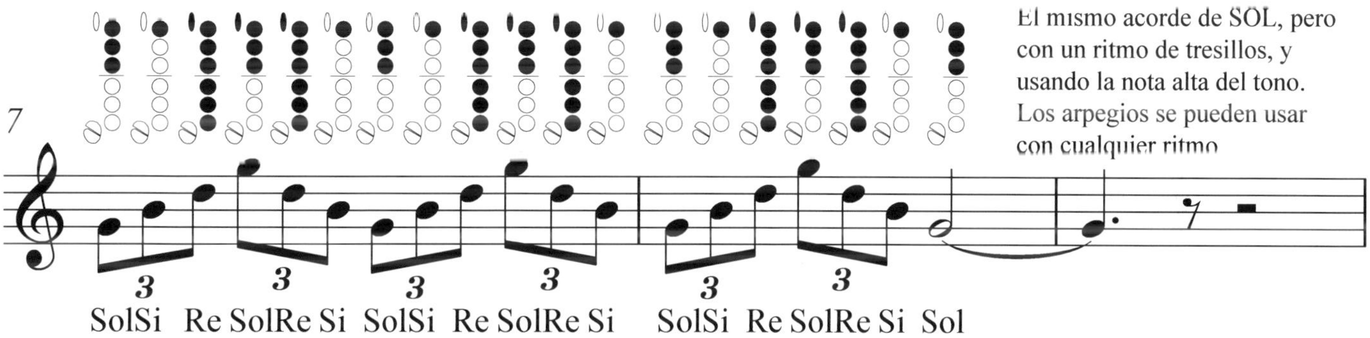


Los arpegios pueden ser de cualquier manera, lo único que ocupas es tocar las notas del acorde, en éste caso son las notas del acorde de RE.

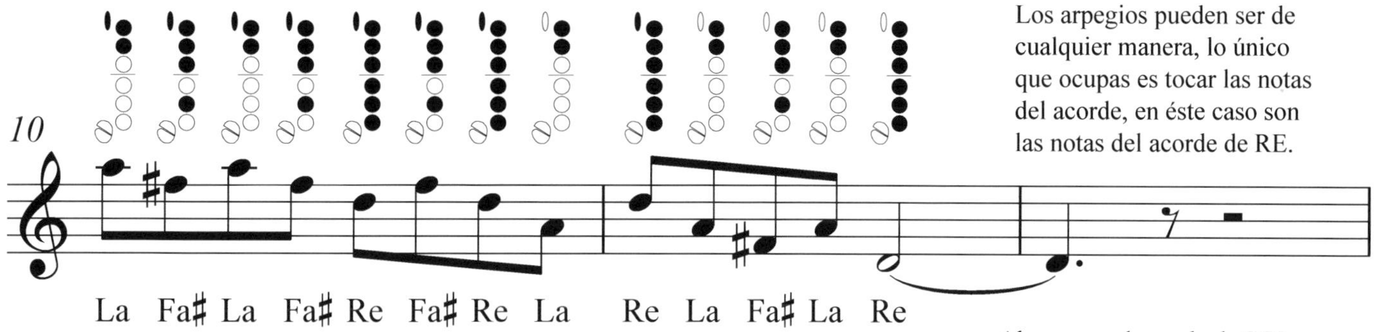


Ahora con el acorde de SOL y de forma ascendente, fijate como las notas van subiendo poco a poco, pero son solo las tres notas del acorde, Sol-Si-Re.

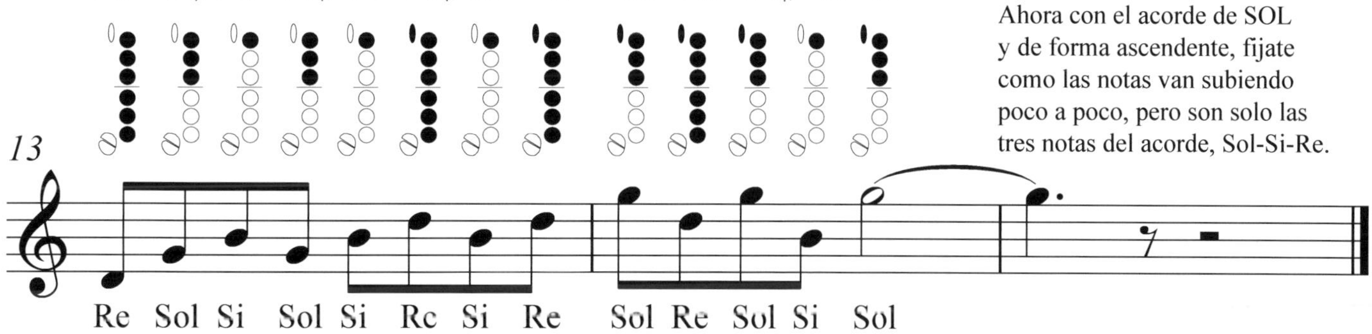

# Canciónes más largas

Para tocar una canción más larga, ocupas leer un poco mejor, o tener más memoria para recordar las notas y saber donde se toca cada una de las notas para que no tengas problemas a la hora de tocar cada nota.
Aquí tienes dos canciónes muy populares que ya debes de poder tocarlas muy bien.

50

## Himno A La Alegria

**Allegro** ♩ = 100

Ludwig Van Beethoven

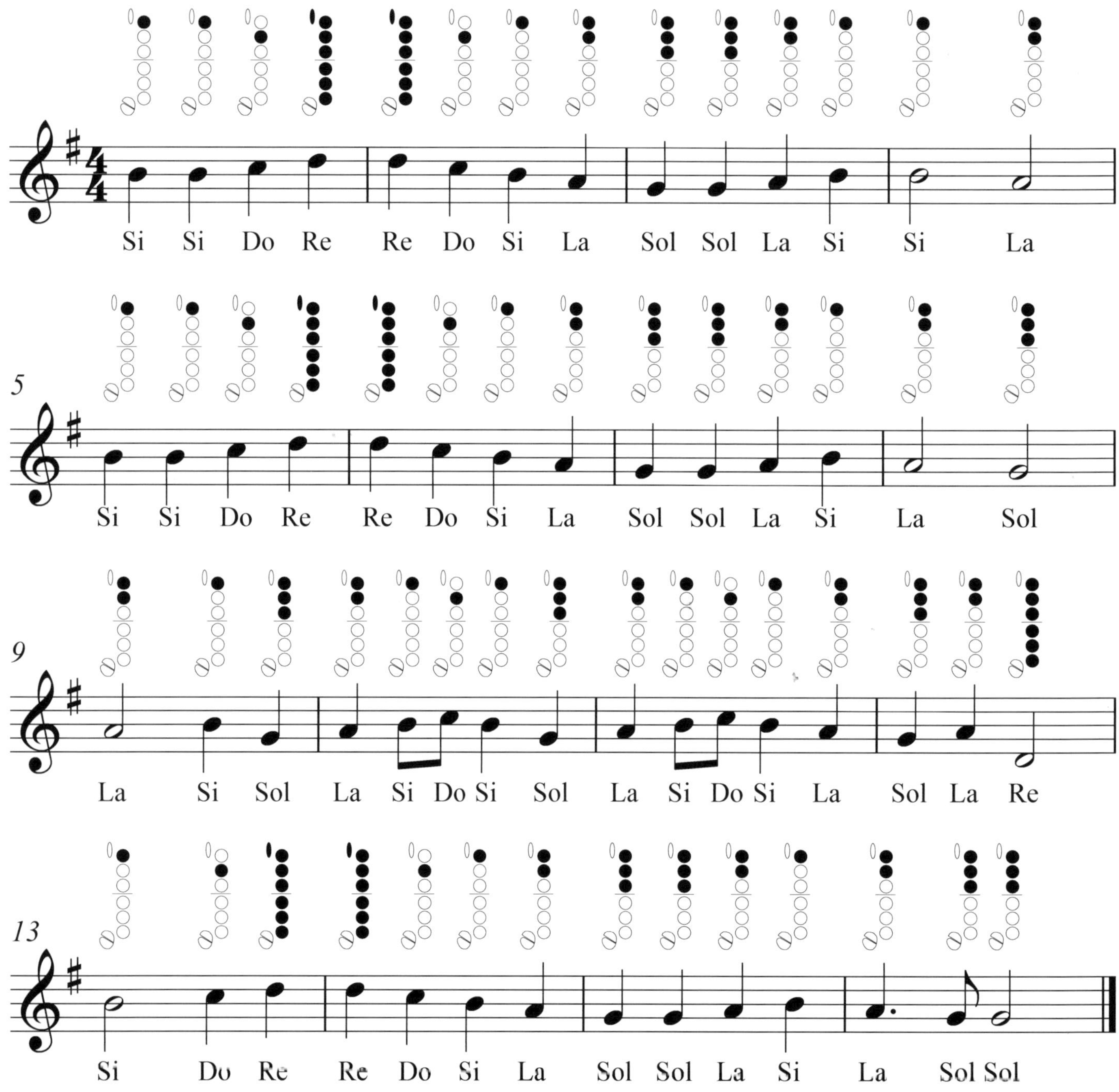

La Cucaracha se toca un poquito más rapido que las canciones anteriores, así que a mover los dedos rapidito.

51

# La Cucaracha

**Allegro** ♩ = 125

Traditional Mexicana

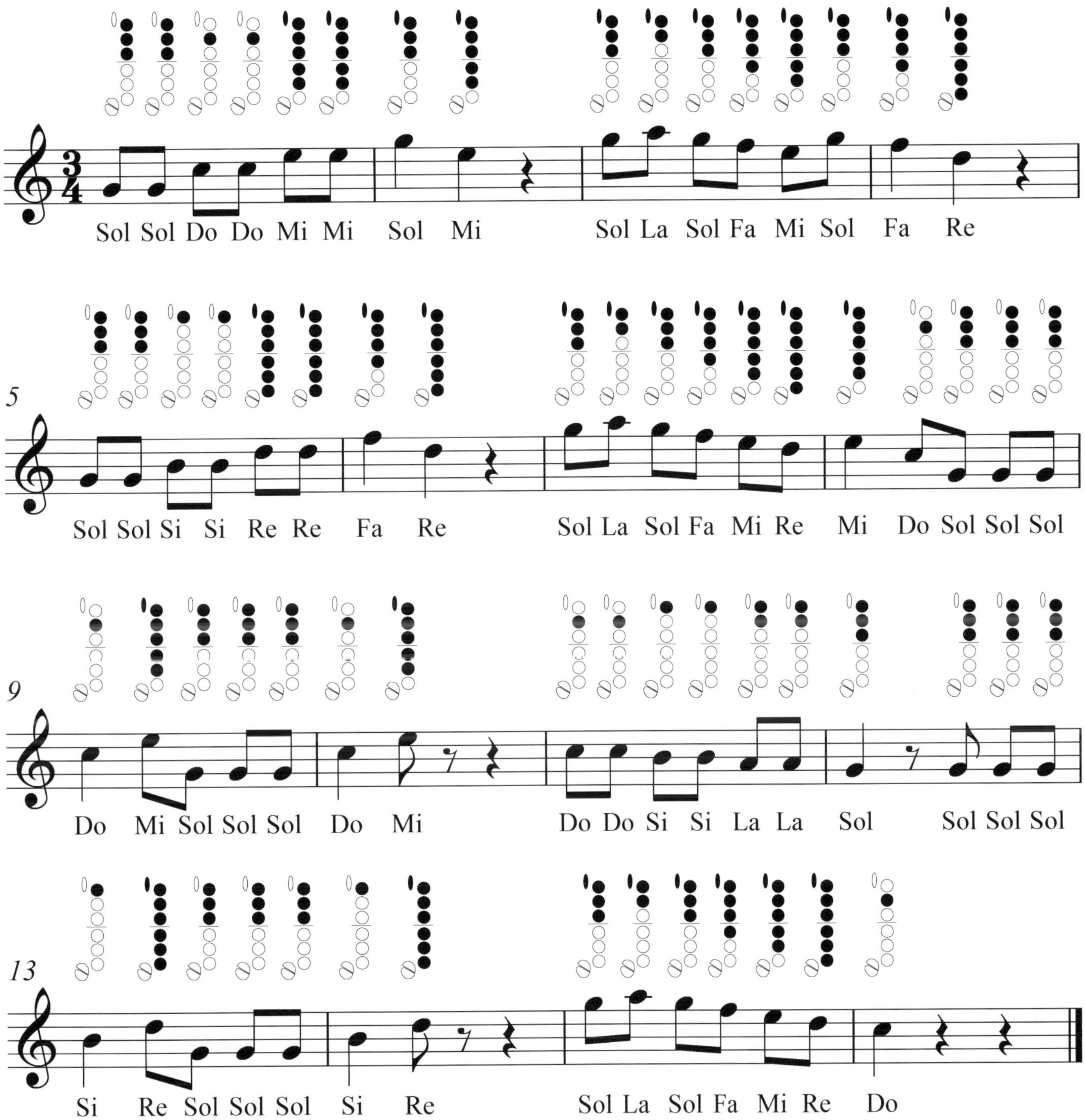


Al tocar una canción así de larga, a veces se confunde uno con las notas, o se le olvida a uno que tocar, por eso es importante aprenderse pedacito por pedacito de la canción. Toca la primera frase o la segunda y aprendetelas de memoria, luego la que sigue, y la que sigue, hasta que toques la canción completa.

# Dia a dia.

## La buena practica hace al maestro.

A continuación voy a poner una serie de ejercicios y rutinas diarias para mejorar y aprender a tocar el saxofón cada dia mejor. Puedes hacer uno de éstos ejercicios al dia, no importa el orden, unos son más fáciles que otros, pero cada uno te sirve para algo diferente, recuerda, toca uno de estos ejercicios dia a dia.

52

### Dia A Dia No. 1

**Moderato** ♩ = 90

Easy Music School

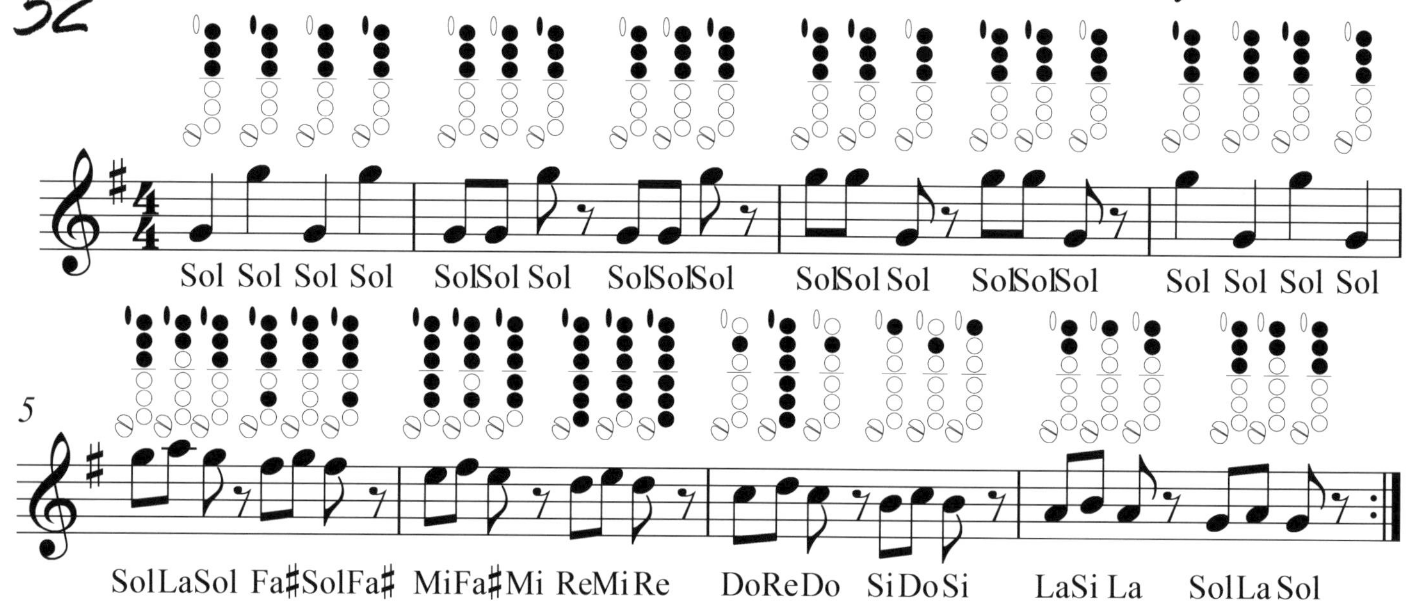


Dia a dia no. 1 está en el tono de Sol y dia a dia no. 2 en el tono de Re.

53

### Dia A Dia No. 2

**Moderato** ♩ = 90

Easy Music School

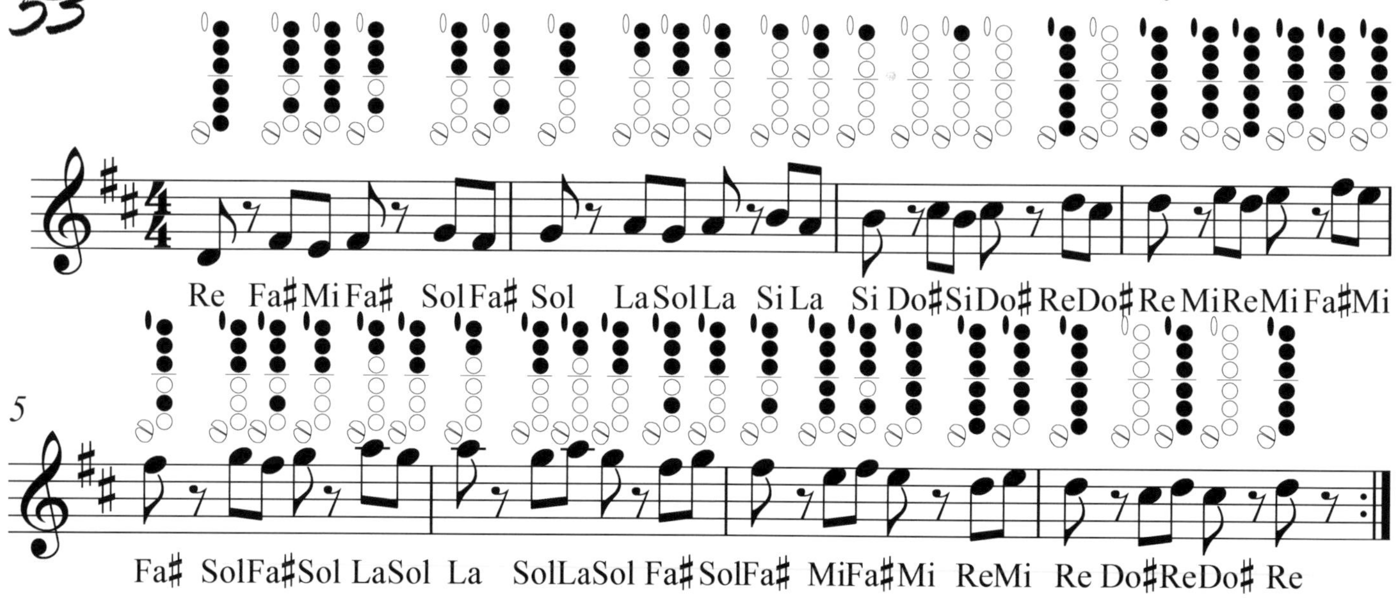

Cada uno de estos ejercicios requieren de cierta tecnica a la hora de tocarlos, toca cada nota muy despacio primero, asegurandote de que se oiga bien, luego toca compás por compás y por último todo el ejercicio lentamente, y poco a poco vas haciendolo más rapido.

# Dia A Dia No. 3

54

**Moderato** ♩ = 90

Easy Music School

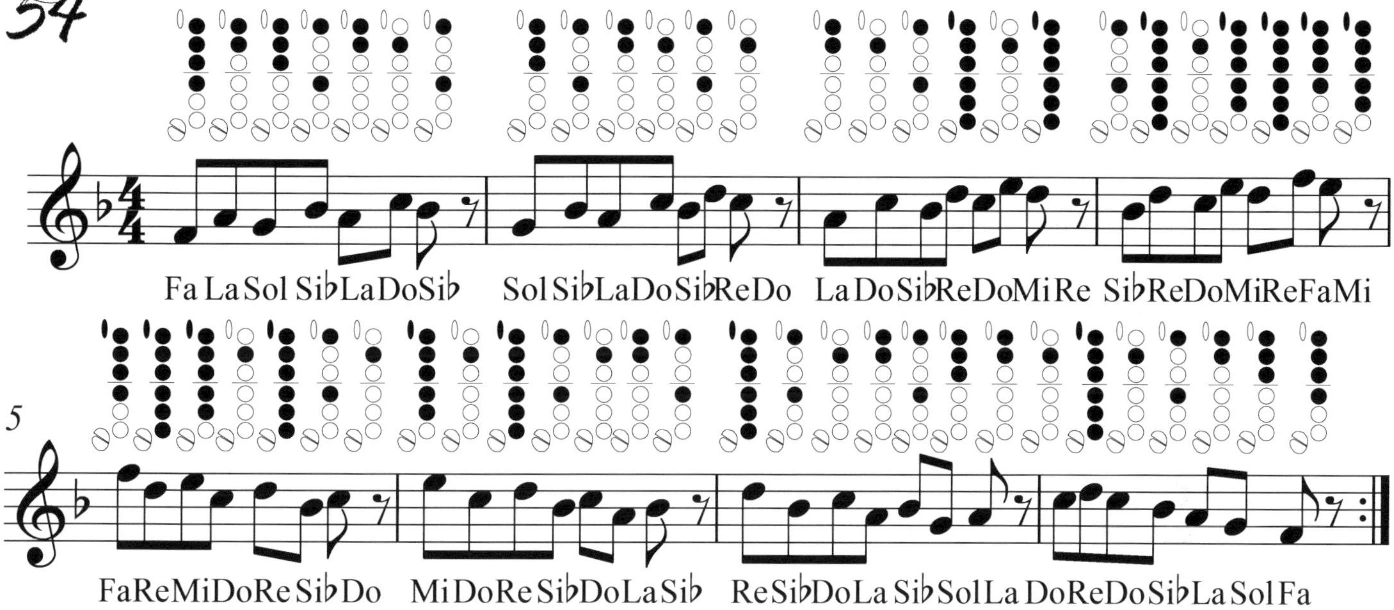


Con éste ejercicio vas a practicar la nota baja de Do y los saltos entre notas graves y notas bajas.
Antes de empezar a tocar éste ejercicio te recomiendo tocar la escala de Do cuando menos unas cinco veces.

# Dia A Dia No. 4

55

**Moderato** ♩ = 90

Easy Music School

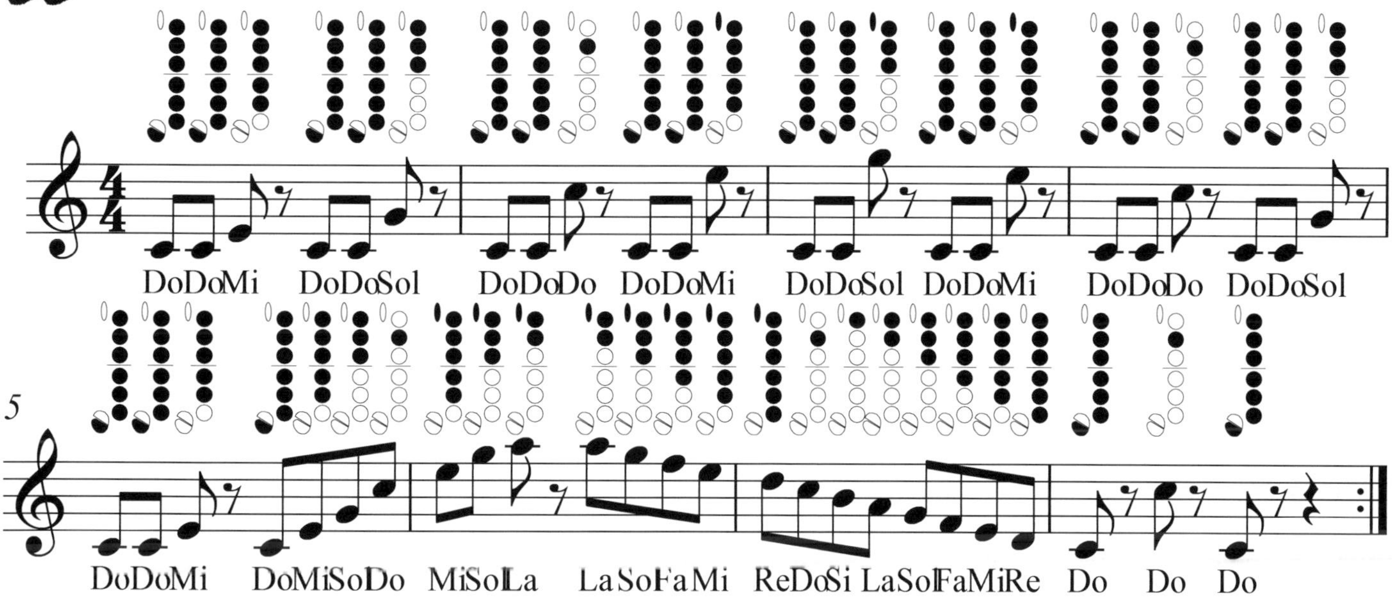

En éste ejercicio hay algunas notas nuevas, por ejemplo el Si abajo del Do grave, la nota de Si que está en el primer compás, y luego en el segundo compás la nota de Do♯, y la nota de Re♯ del tercer compás, fijate bien como se toca cada una de ellas y toca éste ejercicio muy bien.

56

# Dia A Dia No. 5

**Moderato** ♩ = 90

Easy Music School

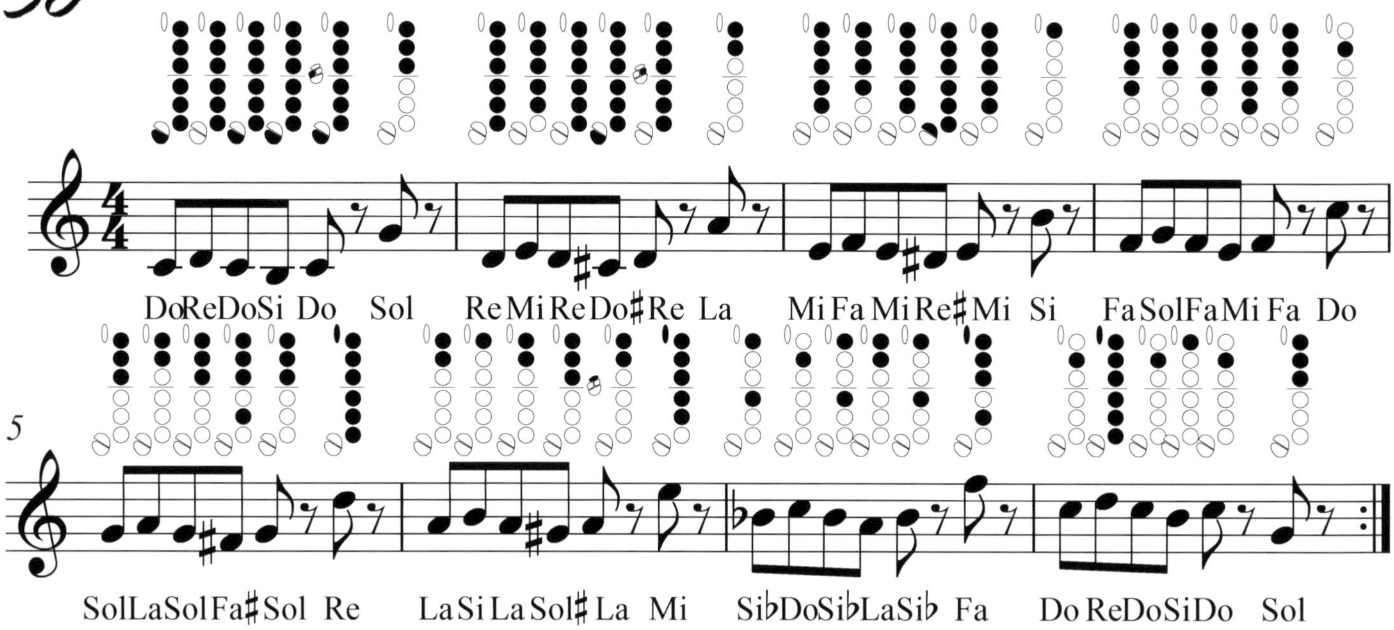


Otro dia a dia en el tono de Fa, con un ritmo parecido, pero diferente a los demas.
Cada uno de estos dia a dia tocalo lento y luego rapido, siguelos tocando dia a dia aunque ya te lo sepas, el chiste de estos ejercicios no es tocarlos y ya, si no tocarlos muy bien y muy rapido, asi que siguelos tocando diario para obtener velocidad en los dedos.

57

# Dia A Dia No. 6

**Moderato** ♩ = 90

Easy Music School

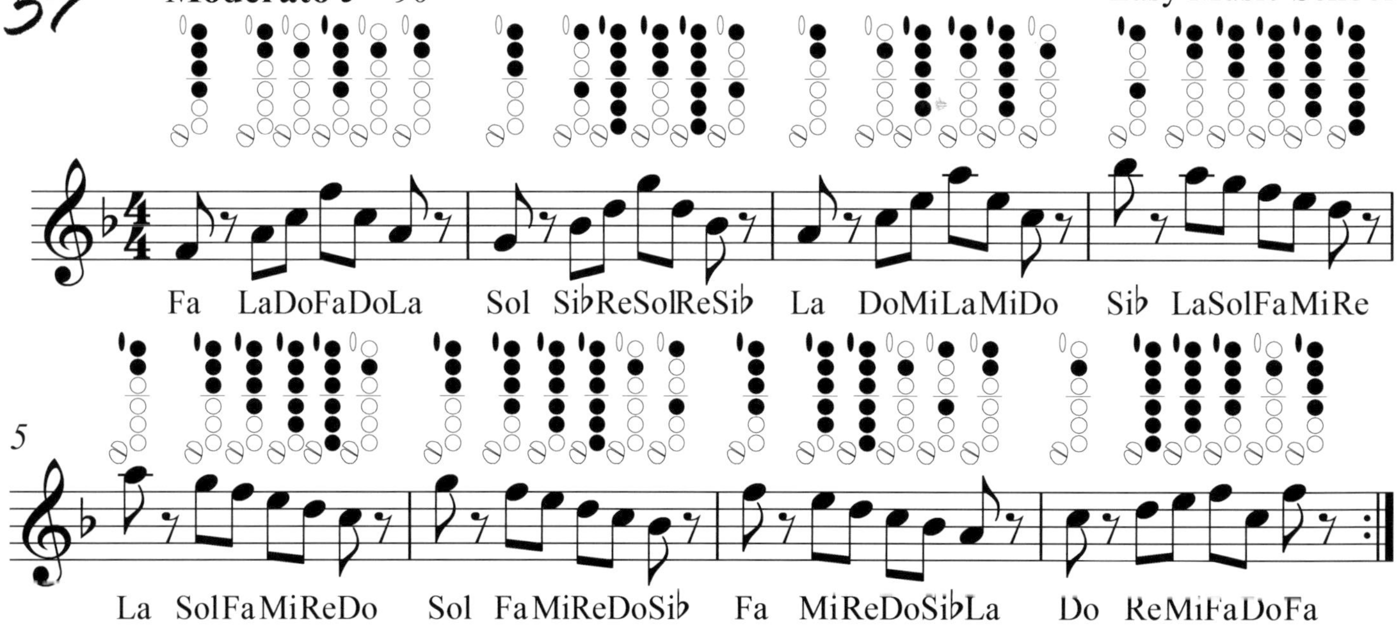

Ahora vas a tocar algunos dieciseisavos, como podras oir en el CD van un poquito más rapido, y eso es bueno, porque así podras ejercitar los dedos para moverlos más rapido.
La escala de los últimos dos compáces es la escala de Re tocada desde arriba hasta abajo.

58

# Dia A Dia No. 7

**Moderato** ♩ = 90

Easy Music School

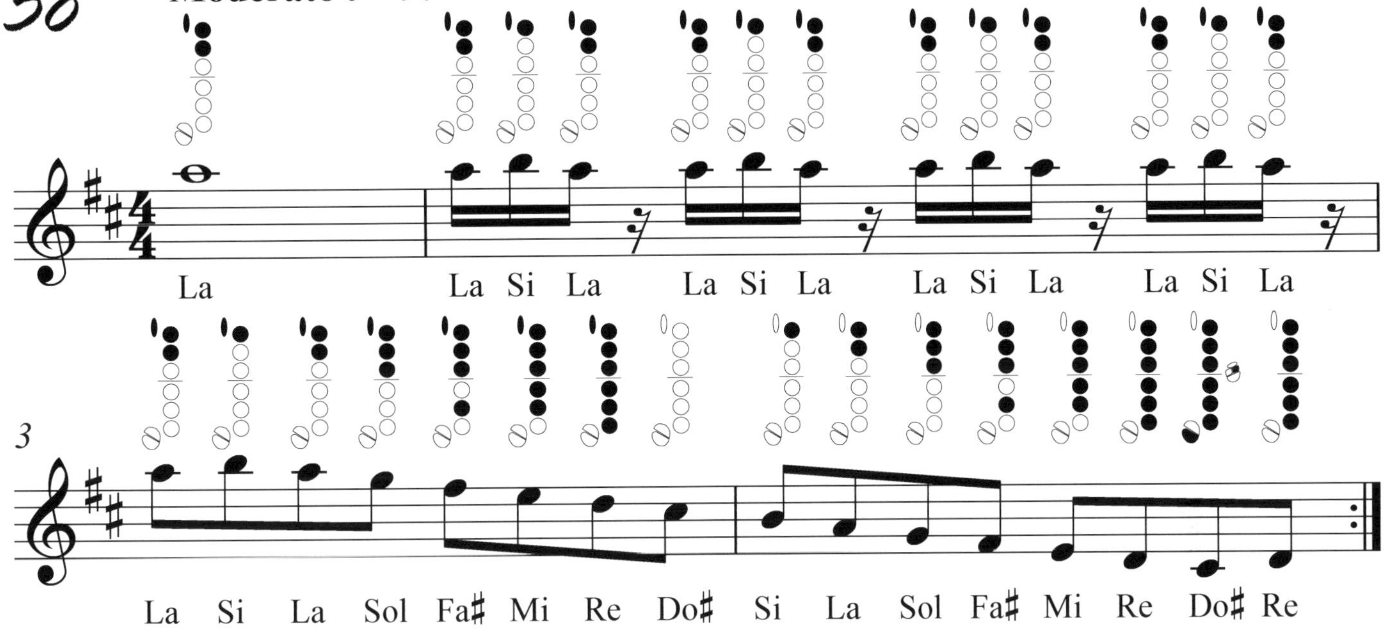


El último dia a dia de éste libro tiene puros dieciseisavos, tocalo lento hasta que lo puedas hacer bien, y poco a poco le podras poner velocidad.
Se toca todo el ejercicio en el tono de Sol y con la escala de Sol, toca cada uno de estos dia a dia junto con el CD para que le saques el mayor provecho posible.

59

# Dia A Dia No. 8

**Moderato** ♩ = 90

Easy Music School

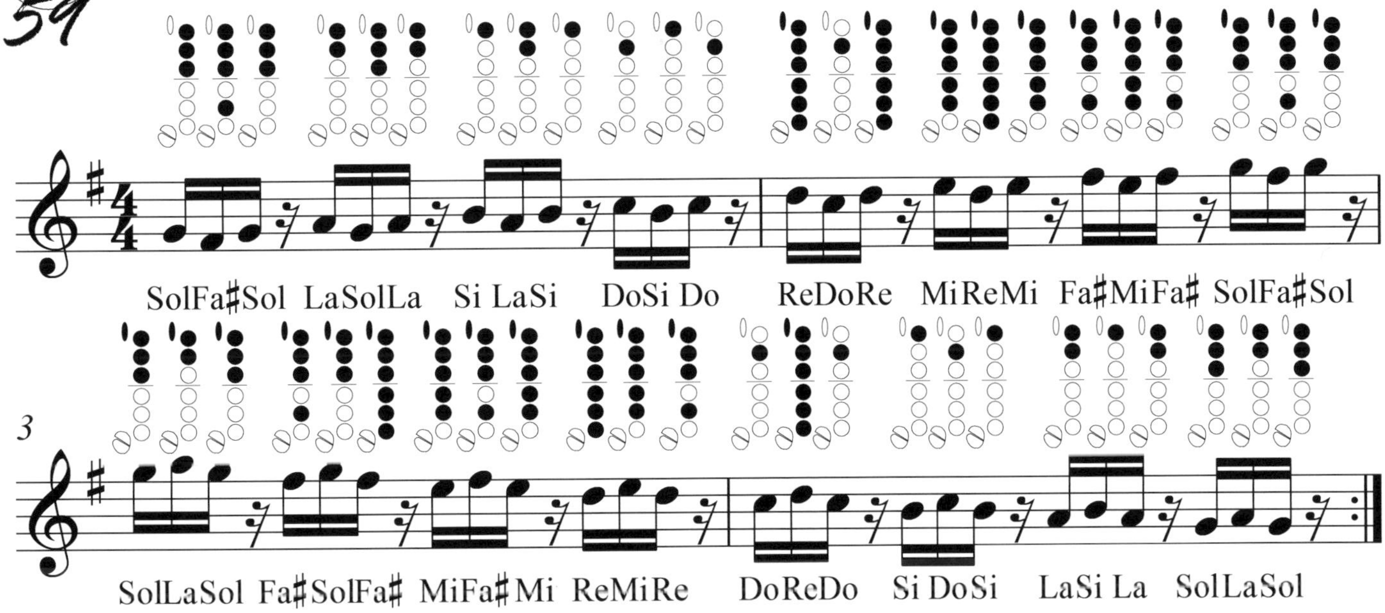

# Adornos con el Sax.

El saxofón es un instrumento muy bueno para hacer melodias y solos, pero además se usa para hacer adornos en muchas canciónes.
Los adornos son pedacitos de música que se tocan para adornar una canción. El sax se usa en cumbias, norteñas, jazz, baladas, boleros, corridos, y muchos estilos de música más.

Escribe el nombre de las notas debajo de cada nota, y luego toca cada uno de estos adornos.

60

## Adorno No. 1

### Cumbia con Banda

**Cumbia** ♩ = 137

Easy Music School

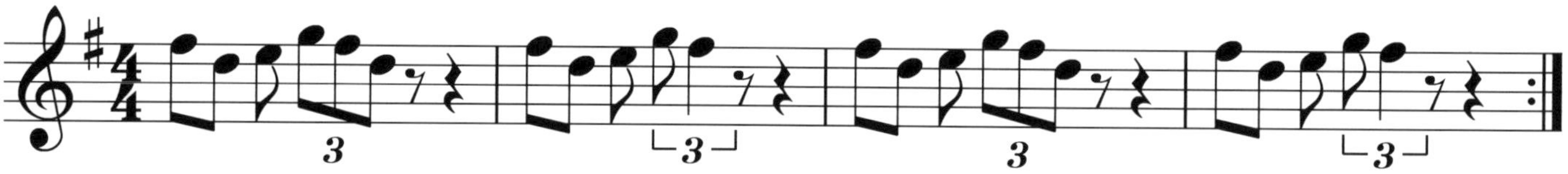

Las cumbias, canciónes tropicales, la música con banda, son algunos de los generos músicales que usan el saxofón.
La velocidad es de 109, y son notas de octavos, así que no van tan rapido, te da tiempo de tocarlas bien.
Ten cuidado de tocar bien el Si♭ y al final hay un compás de silencio para volver a repetir.

61

## Adorno No. 2

### Cumbia Tropical

**Cumbia** ♩ = 109

Easy Music School

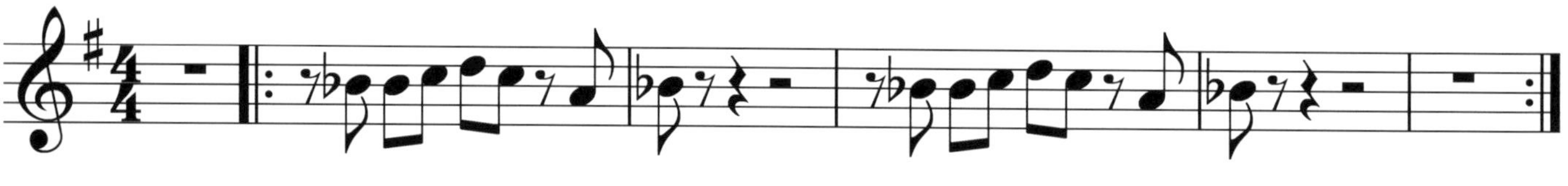

El ritmo de éste adorno es un poco dificil de explicar, sobre todo en el primer nivel, pero escucha el CD y tocalo igualito, todos estos adornos llevan un pequeño arreglo para que oigas como se escucharian ya con el grupo o la banda completa.
Recuerda que primero lo tocas lento, nota por nota, y luego junto con el CD.

62

## Adorno No. 3

### Cumbia con Banda

**Cumbia** ♩ = 120

Easy Music School

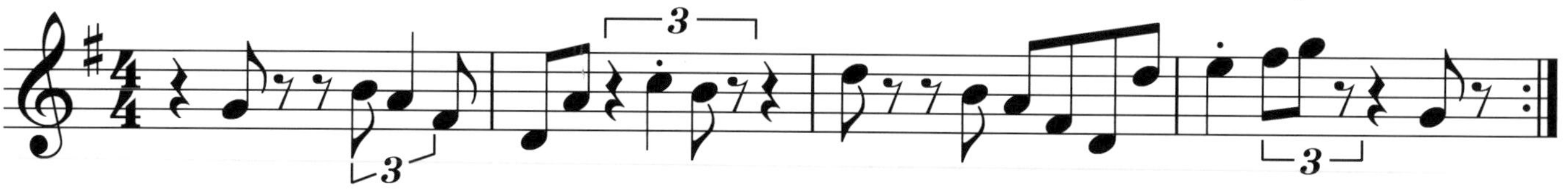

Fijate en el primer compás, hay un silencio de dos tiempos y dos silencios de un tiempo, que en total forman cuatro tiempos. Otra cosa es la velocidad, aquí va un poco rapido, 143, así que a practicar bastante.

63

# Adorno No. 4

## Cumbia Huapachosa

**Cumbia** ♩ = 143

Easy Music School

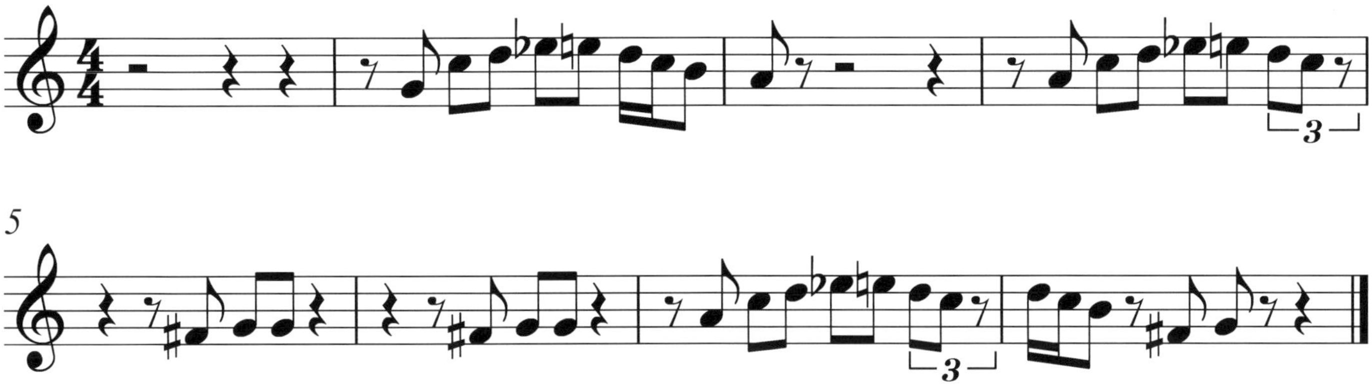

El primer compás de silencio y el ritmo con seisillos, son los puntos que hay que estudiar en ese adorno, fijate que cada compás va formando un acorde, a ver si adivinas cuales acordes son.

64

# Adorno No. 5

## Con Banda

**Cumbia** ♩ = 114

Easy Music School

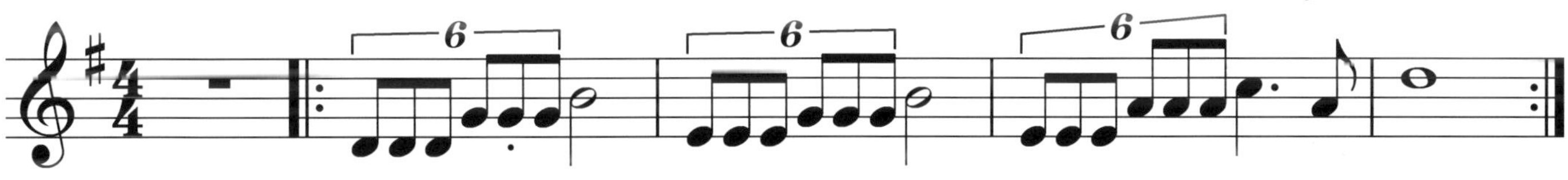

Fijate en el 3 grande y la barra horizontal gruesa del principio de éste adorno, significa que hay tres compáces antes de empezar a tocar con el sax, esto se usa mucho al tocar con grupo, escucha el CD y te daras cuenta de los primeros tres compaces.

65

# Adorno No. 6

## Norteña

**Cumbia** ♩ = 174

Easy Music School

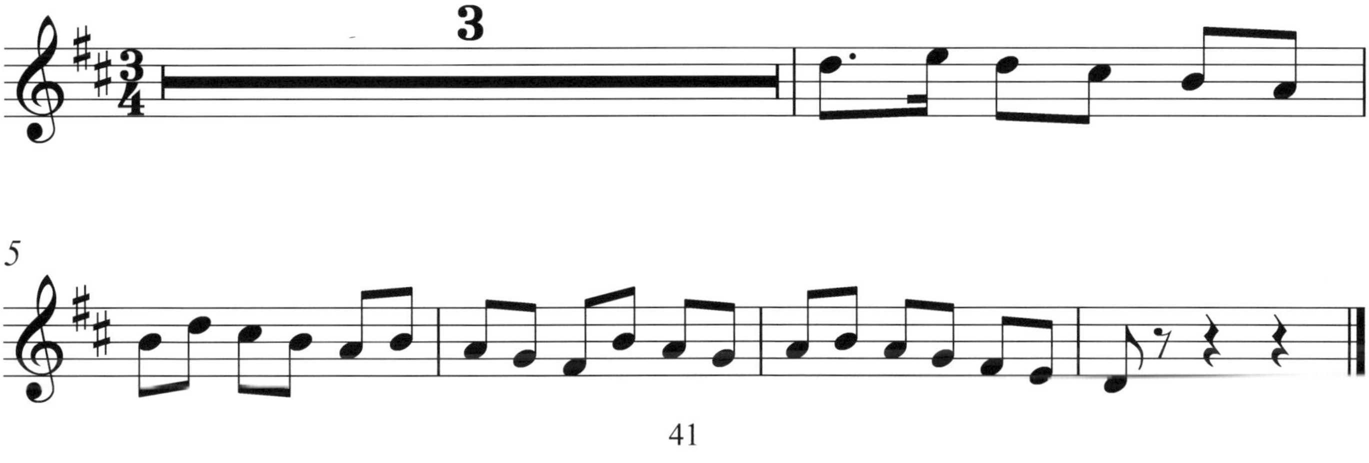

# Figuritas.

En la música se le dice figuras a un adorno, un pedacito de melodia, un motivo músical, una idea o un conjunto de notas que hacen música, a continuacion vas a ver una serie de figuritas que te servirán para tocar mejor.

66

## Figura No. 1

### Latin

**Latin** ♩ = 192

Easy Music School

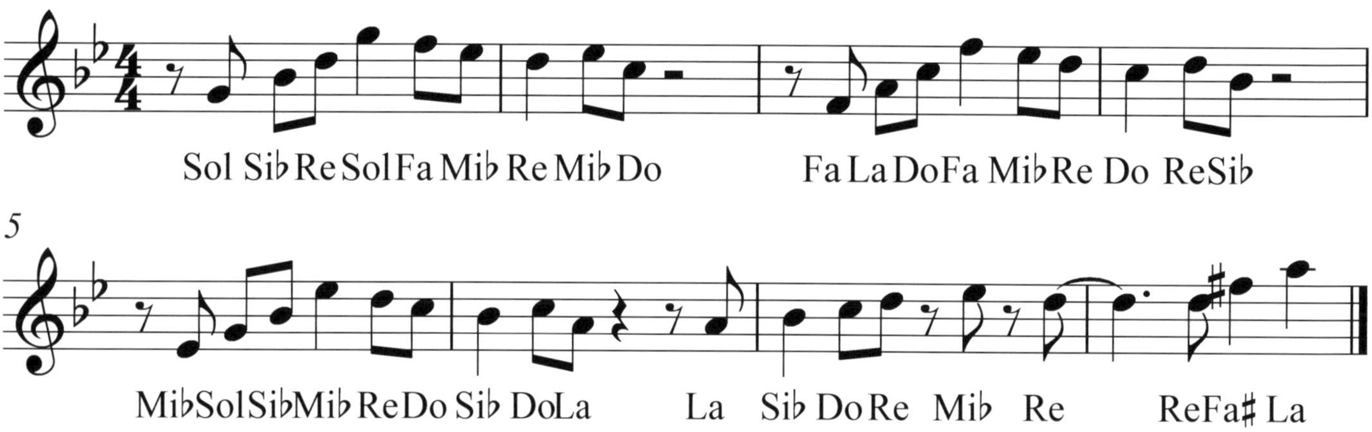


Hay jazz lento y jazz rapido, éste es un jazz más o menos a la mitad, ni muy lento. ni muy rapido.

67

## Figura No. 2

### Jazz

**Jazz** ♩ = 120

Easy Music School

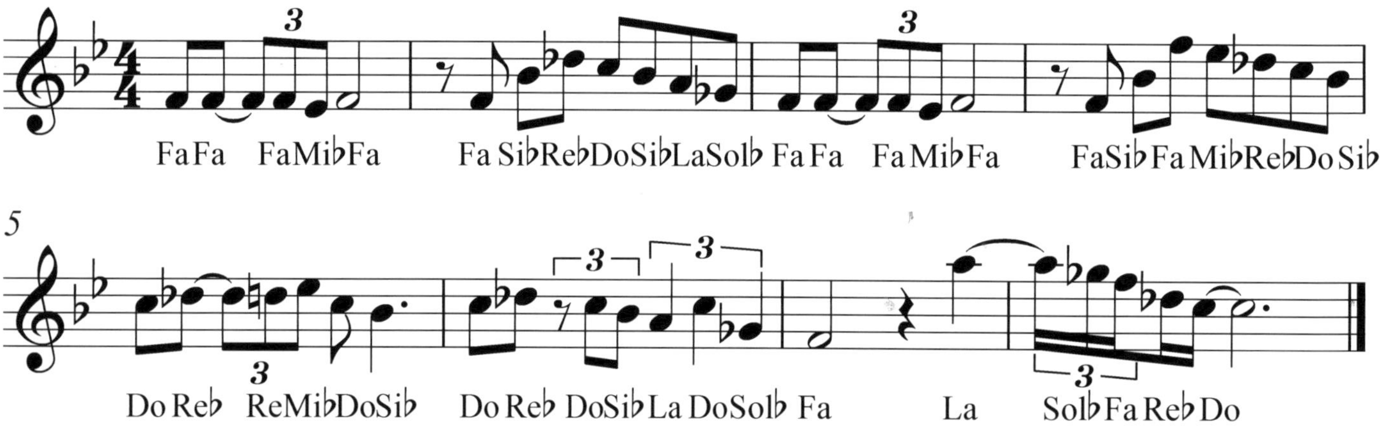


Ahora toca ésta figurita grupera.

68

## Figura No. 3

### Grupero

**Grupero** ♩ = 79

Easy Music School

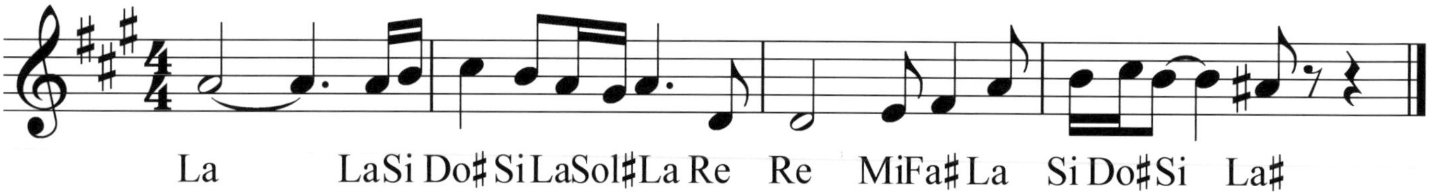

El saxofón se usa mucho en la música de Jazz, ya sea como solista o un grupo, y se puede usar para cualquier estilo de Jazz, swing, big band y mucho más.
Aquí está otro ejemplo de jazz, no es tan facil de tocar y vas a tener que practicar bastante pero vale la pena, escucha el CD y nota la diferencia entre los tresillos del segundo compás y los dieciseisavos y octavo del primer compás.

69

# Figura No. 4

## Jazz

**Jazz** ♩ = 90

Easy Music School

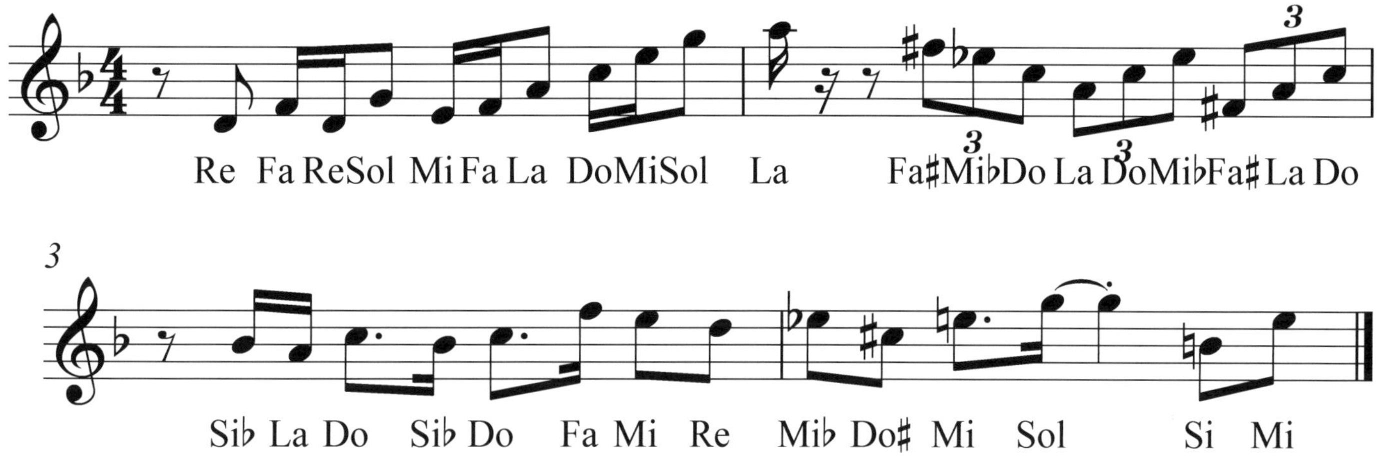


Música suave, romantica, lenta y para relajarse, el saxofón es uno de los instrumentos más bellos para éste estilo de música romantica. La siguiente figurita es con música suave acompañado con arpa y cuerdas, se escucha muy bonito si te gusta éste estilo de música. A diferencia del Jazz o otro estilos de música rapida, ésta música tiene notas largas, escucha el CD y toca junto con él.

70

# Figura No. 5

## Música suave

**Suave** ♩ = 85

Easy Music School

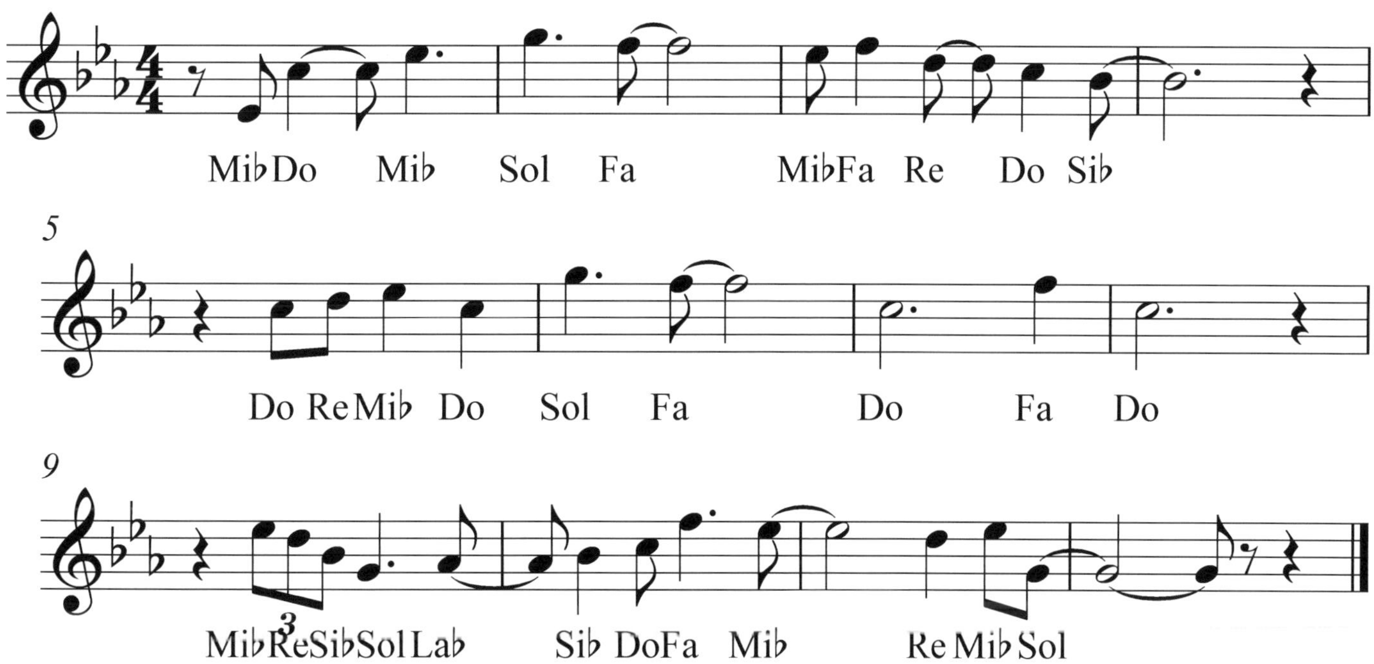

# Melodias originales.

Algunas canciónes y melodias originales para que puedas tocar como todo un profesiónal, y sin que te cueste mucho trabajo.

71

## Un Nuevo Dia

**Suave** ♩ = 75

Easy Music School

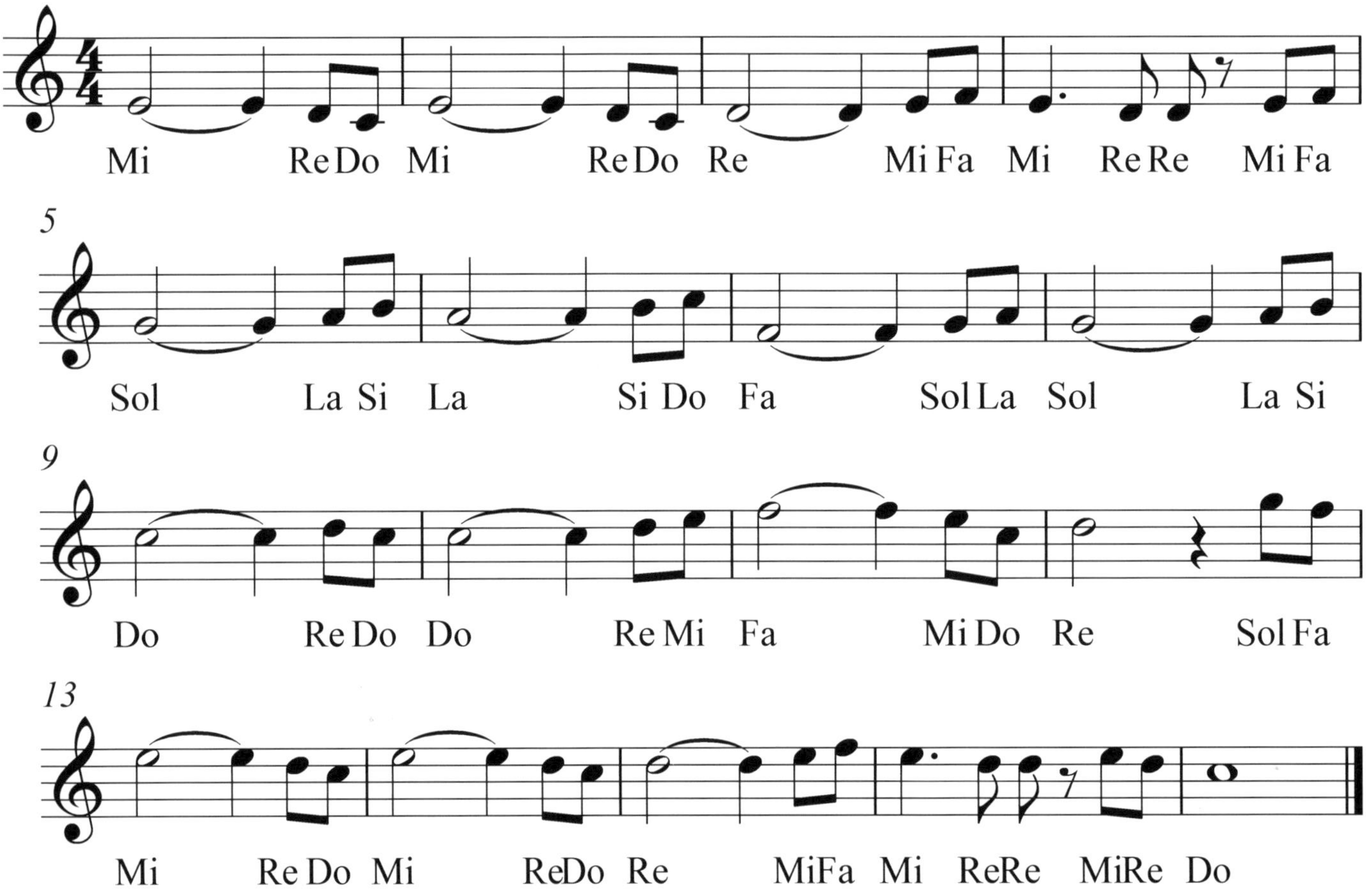


72

## Melodia Sin Fin

**Balada** ♩ = 78

Easy Music School

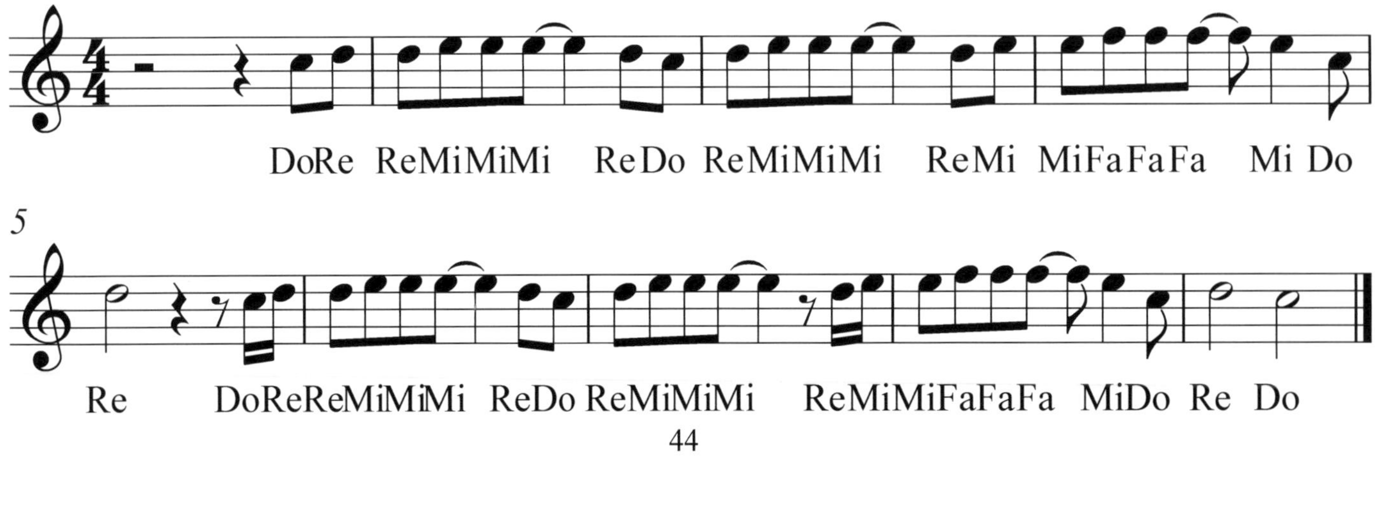

# Intermezzo

73

**Adagio** ♩ = 45

Easy Music School

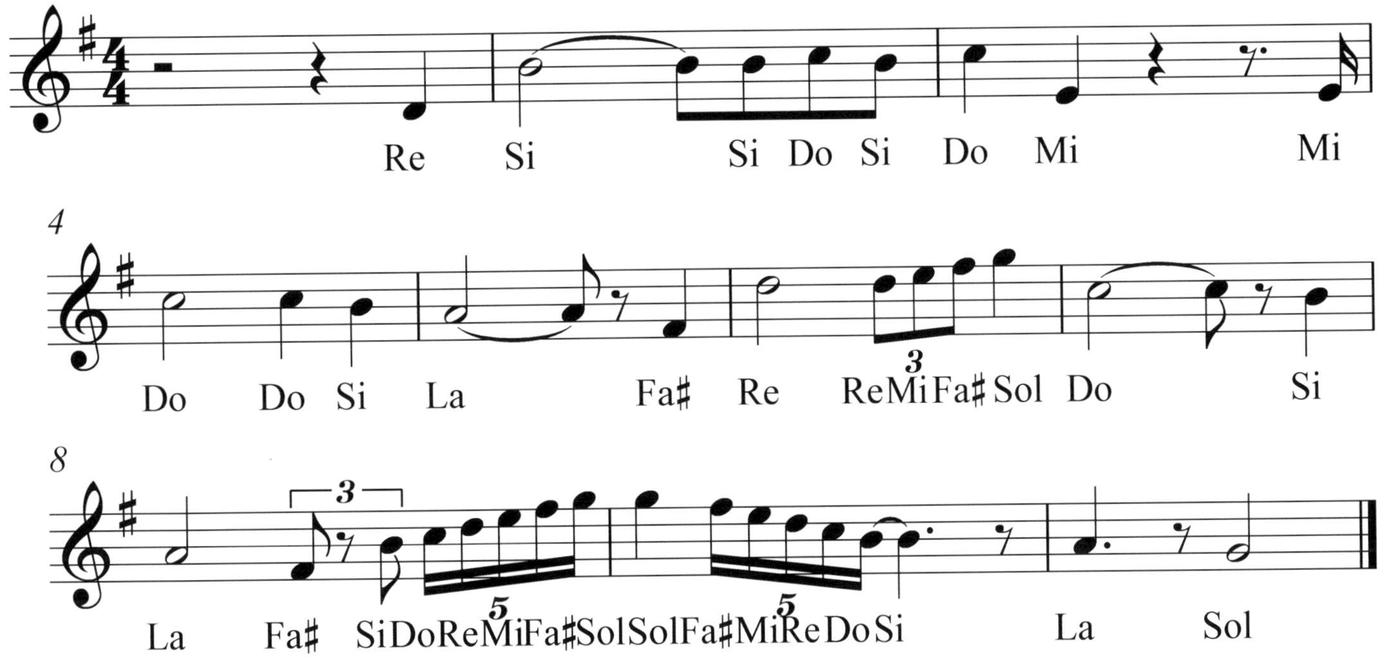


La mejor forma de tocar éstas canciónes es escuchando primero el CD para oir como van.

# El Ultimo Romance

74

**Romanticamente Lento** ♩ = 64

Victor M. Barba

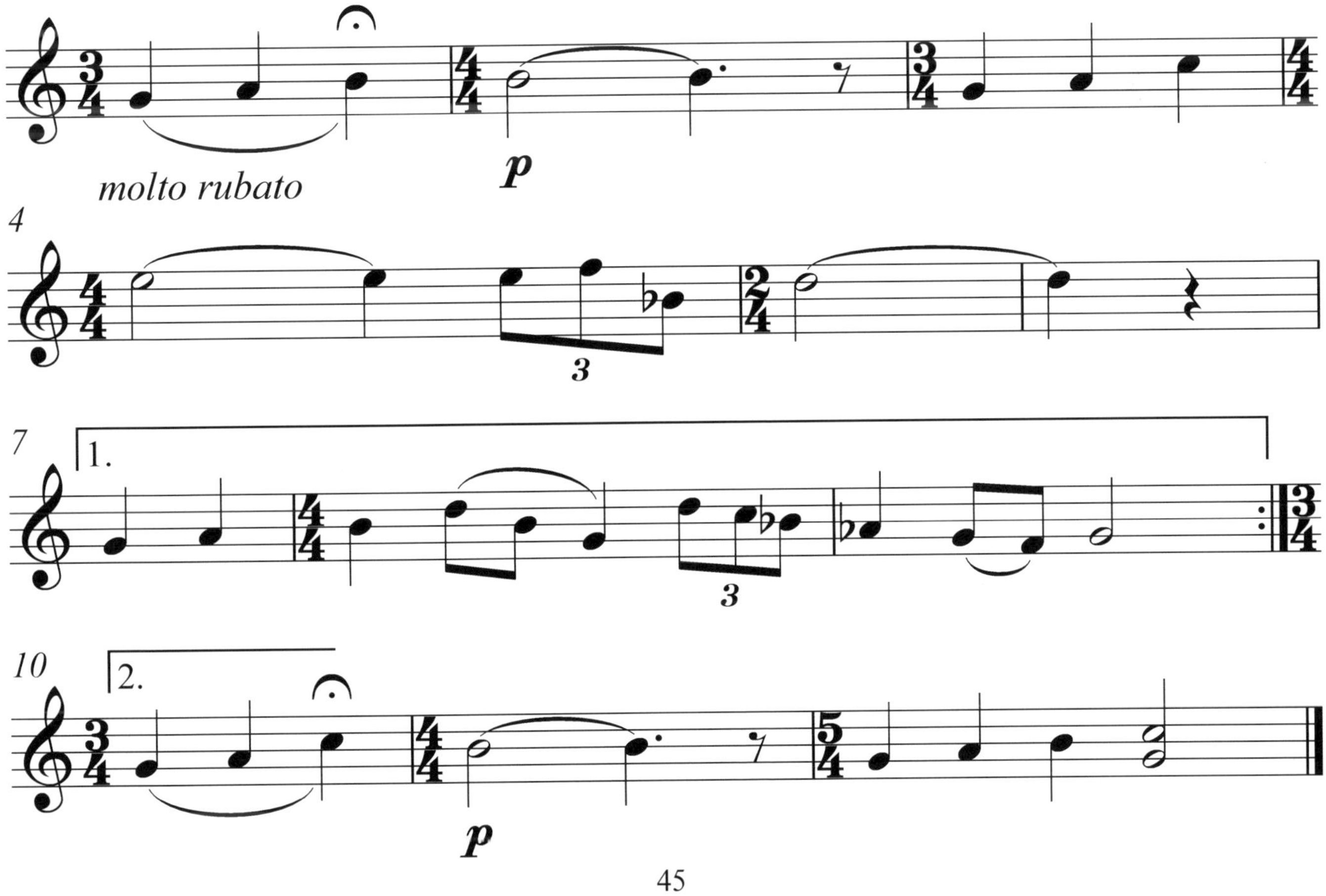

Ahora imaginate que estas tocando en la banda escolar, aquí tienes unas dos marchas.

75

# Marcha Global

**Marcha** ♩ = 90

Easy Music School

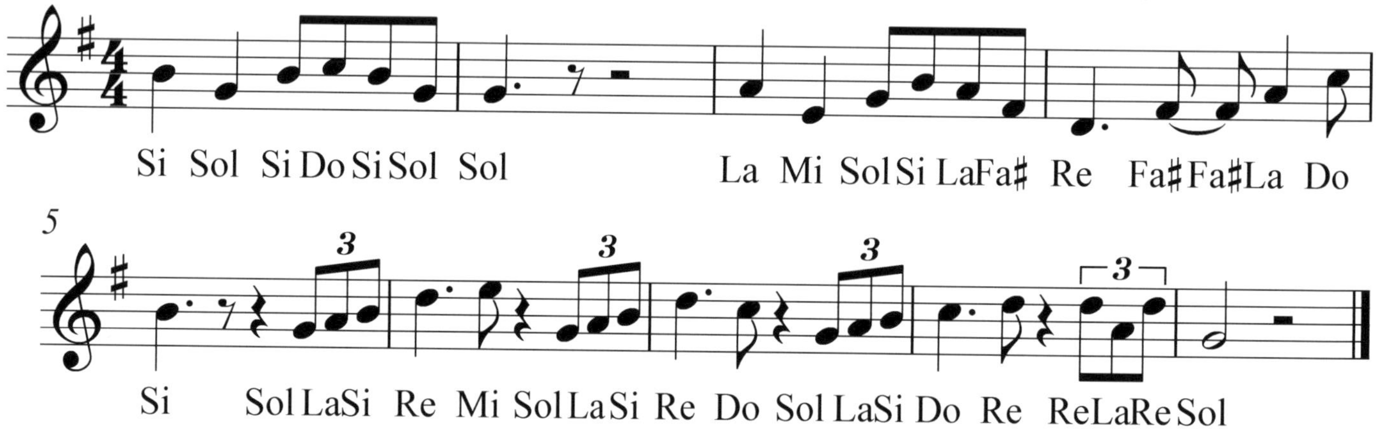


76

# Marcha Feriada

**Marcha** ♩ = 120

Easy Music School

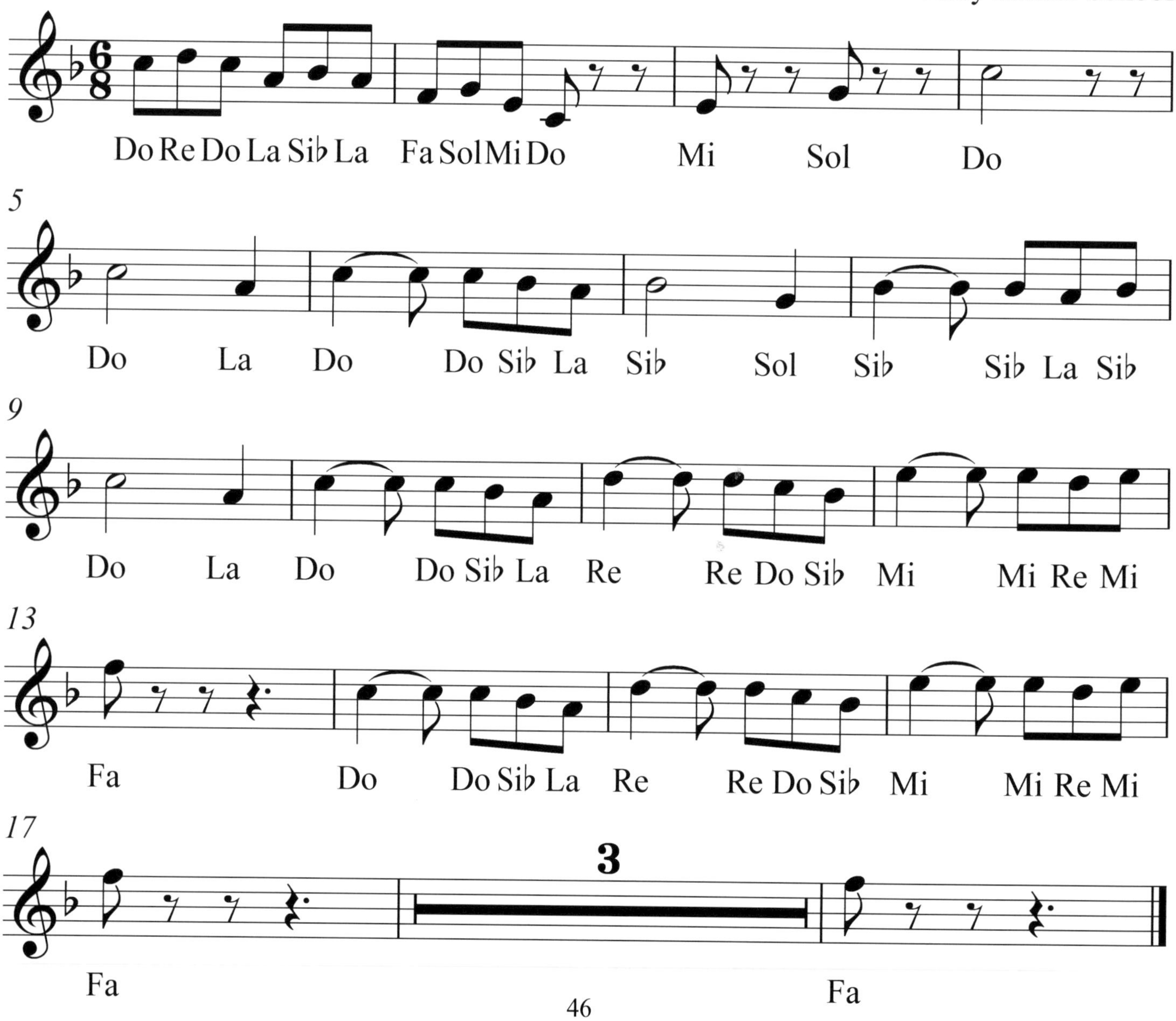

# Transposición.

¿Que es la transposición?, te voy a contestar esa pregunta de la manera más fácil que pueda.

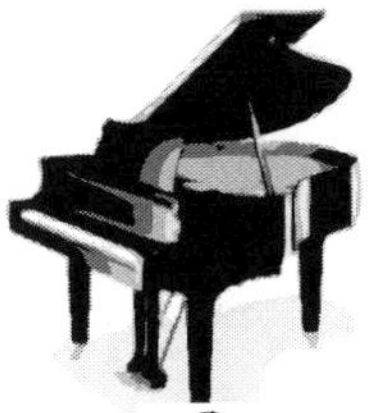
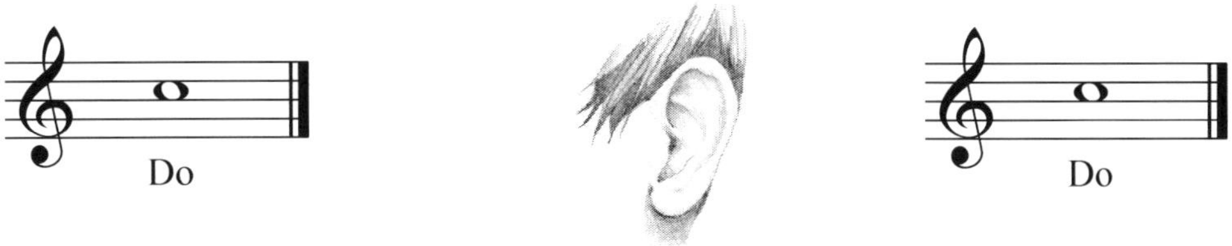


Si en el piano tocas las nota de Do, se escucha la misma nota de Do.

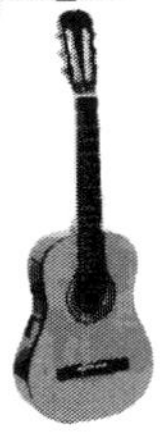
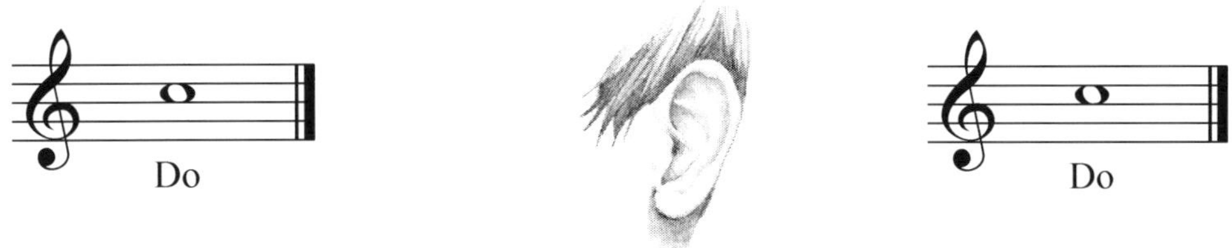


Si en la guitarra tocas las nota de Do, también se escucha la misma nota de Do.

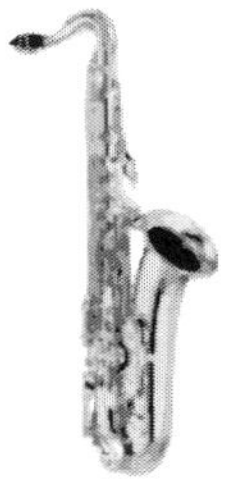
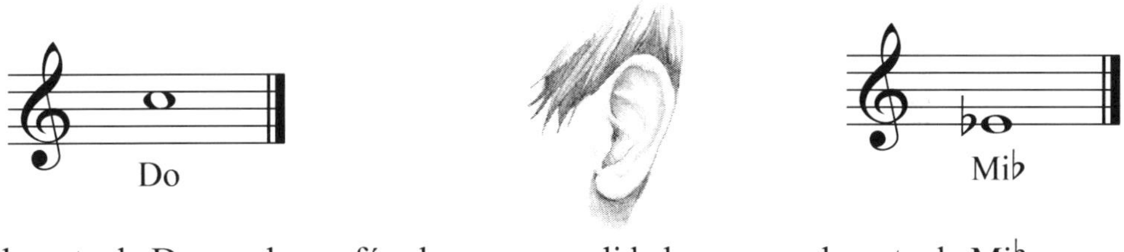


Pero si tocas la nota de Do en el saxofón, lo que en realidad se oye es la nota de Mi♭.

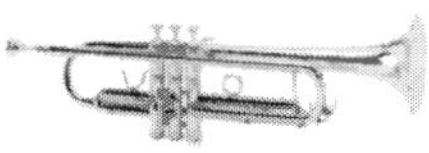
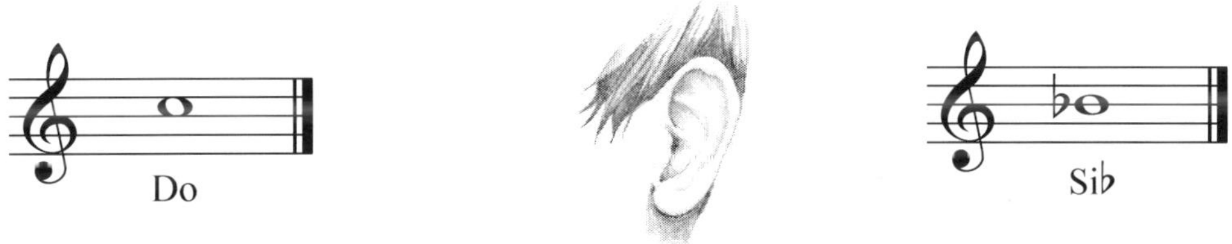


Lo mismo pasa con la trompeta, si la trompeta toca Do, se oye la nota de Si♭.

El saxofón trasporta las notas una sexta mayor para abajo, por eso se dice que el saxofón está en Mi♭.
La trompeta trasporta las notas una segunda mayor para abajo, por eso la trompeta está en Si♭.
Todos los istrumentos traspositores cambian el sonido de la nota con referencia al piano.

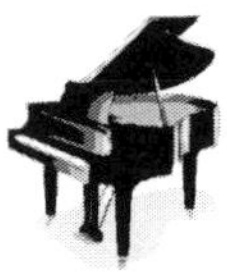
toca
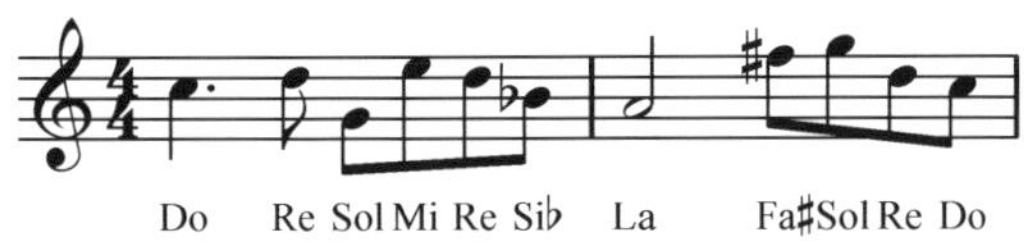

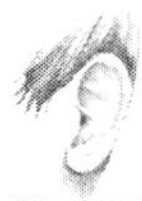
se oye
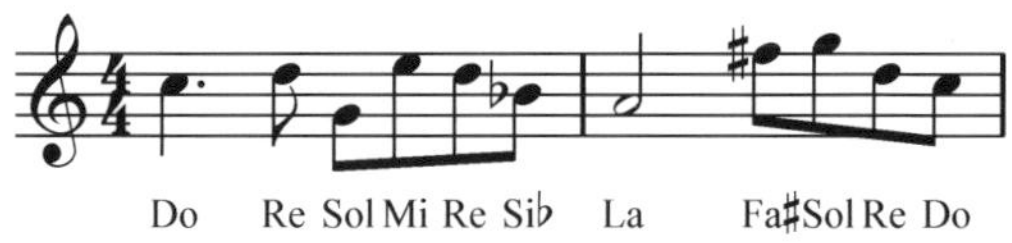


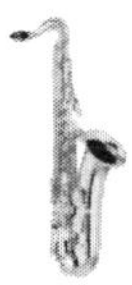
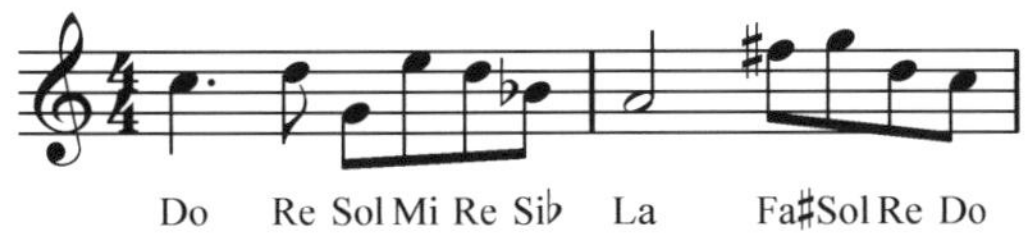

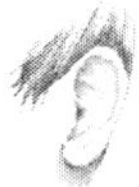
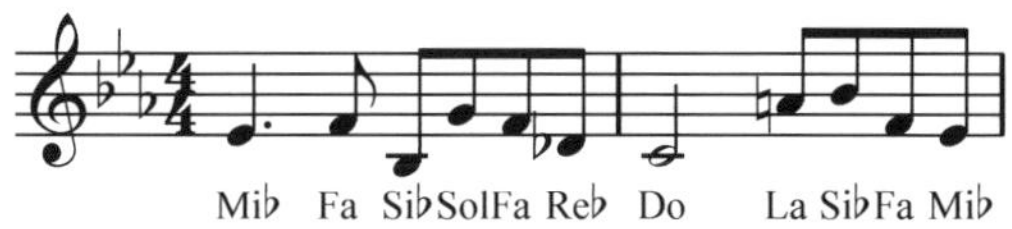


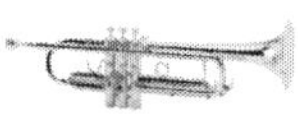
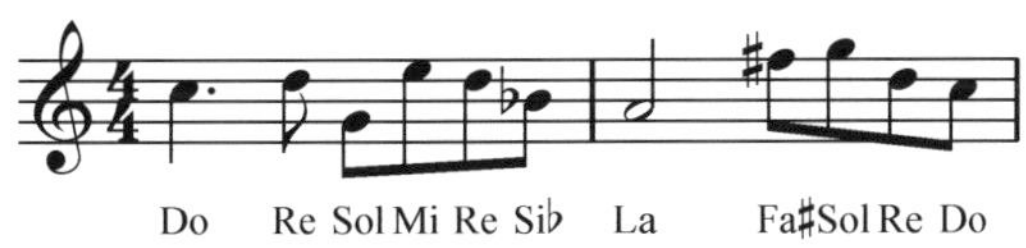

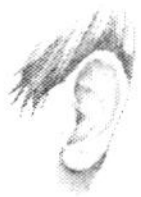
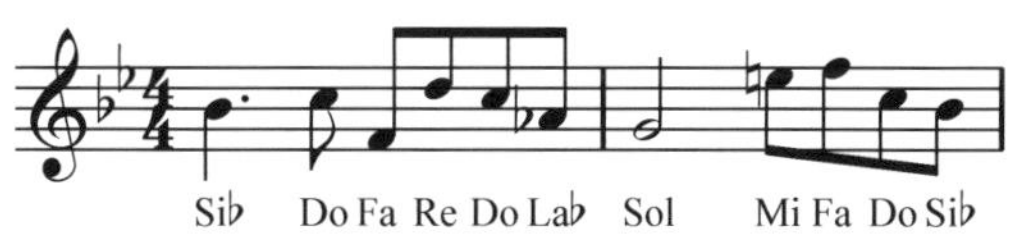


Como ves la música es muy interesante y muy bonita, ojala y lo que hayas aprendido de éste libro te sirva y te motive a seguir estudiando más, felicidades por querer aprender a tocar un instrumento músical, sigue estudiando y preparandote, y vas a lograr hacer tus sueños realidad.

Easy Music School

*Otorga el siguiente*

# Diploma

*A*

______________________________

*Por terminar exitosamente todo el libro de Saxofón nivel 1*

EASY MUSIC©

*Fecha* *Firma*